科技企业雇主品牌与员工创新行为关系研究

姜友文 著

中国社会科学出版社

图书在版编目（CIP）数据

科技企业雇主品牌与员工创新行为关系研究／姜友文著.—北京：中国社会科学出版社，2019.6
ISBN 978-7-5203-4519-4

Ⅰ.①科… Ⅱ.①姜… Ⅲ.①高技术企业—人力资源管理—研究 Ⅳ.①F276.44

中国版本图书馆 CIP 数据核字（2019）第 105021 号

出 版 人	赵剑英
责任编辑	王鸣迪
责任校对	林福国
责任印制	张雪娇

出　　版	中国社会科学出版社
社　　址	北京鼓楼西大街甲 158 号
邮　　编	100720
网　　址	http://www.csspw.cn
发 行 部	010-84083685
门 市 部	010-84029450
经　　销	新华书店及其他书店

印刷装订	环球东方（北京）印务有限公司
版　　次	2019 年 6 月第 1 版
印　　次	2019 年 6 月第 1 次印刷
开　　本	710×1000 1/16
印　　张	11.5
字　　数	170 千字
定　　价	68.00 元

凡购买中国社会科学出版社图书，如有质量问题请与本社营销中心联系调换
电话：010-84083683
版权所有　侵权必究

目 录

前 言 …………………………………………………………… (1)

第一章 导论 …………………………………………………… (1)
  第一节 问题的提出 ………………………………………… (1)
    一 理论的诉求 ………………………………………… (2)
    二 时代的召唤 ………………………………………… (3)
  第二节 研究目标 …………………………………………… (5)
    一 探索科技企业员工感知的好雇主标准 …………… (5)
    二 探讨雇主品牌及各维度与员工创新行为的关系 ……… (6)
    三 探寻雇主品牌对员工创新行为影响的深层次机制 …… (7)
  第三节 研究内容和意义 …………………………………… (8)
    一 研究内容 …………………………………………… (8)
    二 研究意义 …………………………………………… (9)
  第四节 研究方法、思路及技术路线 ……………………… (11)
    一 研究方法 …………………………………………… (11)
    二 研究思路及技术路线 ……………………………… (12)

第二章 理论基础与文献综述 ………………………………… (14)
  第一节 理论基础 …………………………………………… (14)
    一 品牌理论 …………………………………………… (14)
    二 行为观点理论 ……………………………………… (16)
    三 社会交换理论 ……………………………………… (17)

四　自我决定理论 ……………………………………………… (18)
　　五　资源保存理论 ……………………………………………… (19)
第二节　雇主品牌研究综述 ………………………………………… (20)
　　一　雇主品牌的内涵 …………………………………………… (20)
　　二　雇主品牌的维度及测量 …………………………………… (23)
　　三　雇主品牌的功能 …………………………………………… (26)
　　四　雇主品牌的影响因素 ……………………………………… (28)
　　五　雇主品牌研究评析 ………………………………………… (28)
第三节　员工创新行为研究综述 …………………………………… (29)
　　一　员工创新行为的内涵 ……………………………………… (29)
　　二　员工创新行为的阶段划分及测量 ………………………… (30)
　　三　员工创新行为的影响因素 ………………………………… (32)
　　四　员工创新行为研究评析 …………………………………… (34)
第四节　工作幸福感研究综述 ……………………………………… (35)
　　一　工作幸福感的内涵 ………………………………………… (35)
　　二　工作幸福感的结构及维度 ………………………………… (36)
　　三　工作幸福感的前因及影响后效 …………………………… (37)
　　四　工作幸福感研究评析 ……………………………………… (38)
第五节　工作投入研究综述 ………………………………………… (39)
　　一　工作投入的内涵 …………………………………………… (39)
　　二　工作投入的维度与测量 …………………………………… (40)
　　三　工作投入的前因与结果变量 ……………………………… (40)
　　四　工作投入研究评析 ………………………………………… (42)
第六节　职业韧性研究综述 ………………………………………… (43)
　　一　职业韧性的内涵 …………………………………………… (43)
　　二　职业韧性的维度与测量 …………………………………… (44)
　　三　职业韧性的前因与结果变量 ……………………………… (44)
　　四　职业韧性研究评析 ………………………………………… (46)

第三章 探索性访谈研究 (47)
第一节 访谈设计 (47)
  一 访谈目的 (48)
  二 访谈方式 (48)
  三 访谈对象 (49)
  四 访谈内容 (49)
第二节 访谈资料分析 (50)
  一 雇主品牌维度的分析 (50)
  二 员工创新行为及影响因素分析 (51)
  三 雇主品牌与员工创新行为关系分析 (51)
  四 雇主品牌与员工工作幸福感关系分析 (52)
  五 工作幸福感与员工创新行为关系分析 (52)
  六 工作幸福感与工作投入关系分析 (53)
  七 工作投入与员工创新行为关系分析 (53)
第三节 访谈小结 (54)

第四章 模型构建与假设 (56)
第一节 研究模型的构建 (56)
第二节 雇主品牌与员工创新行为关系假设 (61)
  一 雇主品牌与员工创新行为的关系 (61)
  二 雇主品牌各维度与员工创新行为的关系 (62)
第三节 雇主品牌、工作幸福感、职业韧性与员工创新行为关系假设 (65)
  一 雇主品牌与工作幸福感关系 (65)
  二 工作幸福感与员工创新行为的关系 (66)
  三 工作幸福感在雇主品牌与员工创新行为关系中的中介作用 (67)
  四 职业韧性在工作幸福感与员工创新行为关系中的调节作用 (68)

第四节　雇主品牌、工作幸福感、工作投入与员工创新行为
　　　　关系假设 …………………………………………… (69)
　　一　工作幸福感与工作投入的关系 …………………… (69)
　　二　雇主品牌与工作投入的关系 ……………………… (70)
　　三　工作投入与员工创新行为的关系 ………………… (71)
　　四　工作幸福感、工作投入在雇主品牌与员工创新行为
　　　　关系中的链式作用 ………………………………… (72)
第五节　研究假设汇总 …………………………………… (74)

第五章　实证研究设计 …………………………………… (75)
第一节　变量测量量表选择 ……………………………… (75)
　　一　雇主品牌测量 ……………………………………… (76)
　　二　员工创新行为测量 ………………………………… (77)
　　三　工作幸福感测量 …………………………………… (78)
　　四　工作投入测量 ……………………………………… (79)
　　五　职业韧性测量 ……………………………………… (79)
第二节　小样本预测试 …………………………………… (80)
　　一　预测试的要求与方法 ……………………………… (80)
　　二　预测试数据收集 …………………………………… (81)
　　三　预测试效度和信度检验 …………………………… (82)
第三节　正式数据收集 …………………………………… (93)
　　一　样本量的确立 ……………………………………… (93)
　　二　问卷收集 …………………………………………… (94)
　　三　样本概况 …………………………………………… (94)

第六章　假设检验 …………………………………………… (97)
第一节　问卷调查的数据质量评价 ……………………… (97)
　　一　正式样本的效度和信度分析 ……………………… (98)
　　二　聚合检验 ………………………………………… (105)
　　三　共同方法偏差评估 ……………………………… (106)

第二节　雇主品牌对员工创新行为的主效应分析……………（106）
　　一　变量的相关性分析………………………………………（107）
　　二　零模型分析………………………………………………（108）
　　三　主效应分析………………………………………………（108）
　第三节　有调节的中介效应模型检验…………………………（111）
　　一　工作幸福感中介效应检验………………………………（111）
　　二　职业韧性调节效应检验…………………………………（114）
　第四节　工作幸福感和工作投入的链式中介作用检验………（116）
　　一　理论模型…………………………………………………（116）
　　二　链式中介效应检验………………………………………（118）

第七章　研究结果讨论与相关建议……………………………（121）
　第一节　研究结果讨论…………………………………………（121）
　　一　雇主品牌对员工创新行为影响分析……………………（121）
　　二　工作幸福感与工作投入的链式中介作用分析…………（122）
　　三　职业韧性的调节作用分析………………………………（123）
　第二节　相关建议………………………………………………（124）
　　一　加强企业雇主品牌建设…………………………………（124）
　　二　注重多维度提升员工工作幸福感………………………（128）
　　三　增强对员工职业韧性的培养……………………………（131）
　　四　设法提高员工的工作投入水平…………………………（133）

第八章　主要贡献、研究局限与展望…………………………（136）
　第一节　本研究的主要贡献……………………………………（136）
　　一　本研究的理论贡献………………………………………（136）
　　二　本研究的实践贡献………………………………………（137）
　第二节　研究局限与展望………………………………………（138）
　　一　研究局限…………………………………………………（138）
　　二　未来研究展望……………………………………………（139）

附录 A 调查问卷 ……………………………………………（141）

附录 B 计算 $r_{wg(j)}$ 值小程序 ……………………………（146）

参考文献 ………………………………………………………（150）

表 目 录

表 2.1　国外学者对雇主品牌内涵的界定 …………………（21）
表 2.2　国内学者对雇主品牌内涵的界定 …………………（22）
表 2.3　国外学者对雇主品牌维度的界定 …………………（24）
表 2.4　国内学者对雇主品牌维度的界定 …………………（26）
表 4.1　本研究假设汇总表……………………………………（74）
表 5.1　雇主品牌测量题项 …………………………………（76）
表 5.2　员工创新行为测量题项 ……………………………（78）
表 5.3　工作幸福感测量题项 ………………………………（79）
表 5.4　工作投入测量题项 …………………………………（79）
表 5.5　职业韧性测量题项 …………………………………（80）
表 5.6　预测样本基本统计信息频数分析表(N=346) ………（81）
表 5.7　预测"雇主品牌"量表的 KMO & Bartlett 的检验 ……（83）
表 5.8　预测"雇主品牌"量表累计的总方差 ………………（84）
表 5.9　预测"雇主品牌"量表旋转成分矩阵 ………………（84）
表 5.10　预测"员工创新行为"量表的 KMO & Bartlett 的
　　　　检验 ……………………………………………（86）
表 5.11　预测"员工创新行为"量表累计的总方差…………（86）
表 5.12　预测"员工创新行为"量表旋转成分矩阵…………（87）
表 5.13　预测"工作幸福感"量表的 KMO & Bartlett 的检验……（88）
表 5.14　预测"工作幸福感"量表累计的总方差……………（88）
表 5.15　预测"工作幸福感"量表成分矩阵…………………（88）
表 5.16　预测"工作投入"量表的 KMO & Bartlett 的检验………（89）

表 5.17　预测"工作投入"量表累计的总方差 …………………（89）
表 5.18　预测"工作投入"量表成分矩阵 ……………………（90）
表 5.19　预测"职业韧性"量表的 KMO & Bartlett 的检验 ……（90）
表 5.20　预测"职业韧性"量表累计的总方差 …………………（91）
表 5.21　预测"职业韧性"量表成分矩阵 ……………………（91）
表 5.22　预测试变量的信度评价 …………………………（92）
表 5.23　正式样本基本统计信息频数分析表(N=946) ………（95）
表 6.1　雇主品牌量表聚合效度分析………………………（99）
表 6.2　员工创新行为量表聚合效度分析 …………………（100）
表 6.3　工作幸福感量表聚合效度分析 ……………………（101）
表 6.4　工作投入量表聚合效度分析 ………………………（102）
表 6.5　职业韧性量表聚合效度分析 ………………………（103）
表 6.6　各变量量表的判别效度分析 ………………………（104）
表 6.7　变量的信度评价 ……………………………………（104）
表 6.8　变量的相关性分析 …………………………………（107）
表 6.9　员工创新行为的主效应分析 ………………………（109）
表 6.10　中介效应检验分析 ………………………………（114）
表 6.11　职业韧性调节效应检验分析 ……………………（115）
表 6.12　链式中介效应检验分析……………………………（119）

图 目 录

图 1.1　技术路线图 …………………………………………（13）
图 4.1　研究变量间的作用机理模型 ………………………（60）
图 4.2　直接效应模型 ………………………………………（60）
图 4.3　有调节的中介效应模型 ……………………………（61）
图 4.4　链式中介效应模型 …………………………………（61）
图 6.1　一个有调节的中介效应模型 ………………………（111）
图 6.2　职业韧性对工作幸福感与员工创新行为的调节
　　　　作用 …………………………………………………（116）
图 6.3　一个链式中介效应模型 ……………………………（117）
图 6.4　链式中介效应模型 …………………………………（117）

前　言

　　自英国管理专家 Ambler & Barrow 于上世纪 90 年代提出雇主品牌概念以来，因其具备能提升企业的整体竞争优势、带来优厚的财务回报及提升对人才的吸引力等特征而受到理论界和实务界的高度关注，学者们从不同角度出版过关于雇主品牌的书籍。近年来，随着人口红利的消退及以大数据、云计算、人工智能、物联网等为代表的新技术的涌现，企业比以往任何时候都期待创新。为调动员工的积极性、主动性及创造性，Martin, Gollan & Grigg（2011）、Robertson & Khatibi（2013）、Gözükara & Hatipoğlu（2016）等人从内部雇主品牌视角展开了形式多样的研究，但都比较分散和各有侧重点，对创新行为驱动研究也仅停留在企业创新角度。因此，从雇主品牌视角编著一本内容新颖且能促进员工创新行为的专著是作者多年的梦想。事实上，伴随着战略人力资源管理理论的兴起，有学者研究发现企业人力资源实践有利于员工创新行为能力的培养，但也有学者认为人力资源实践只有当被员工认知和评价后才能产生影响。雇主品牌作为企业人力资源管理实践培育的品牌，其本质上是雇员和潜在员工对雇主向他们提供的一系列功能利益、经济利益及心理利益的感知和评价，理论上应该比人力资源管理实践活动对员工创新行为的影响效果更加明显。本书基于这一研究假设，深入挖掘雇主品牌影响员工创新行为的作用机理，为企业驱动员工创新寻找新的突破口，但因作者水平及能力所限，殷切希望读者批评指正。

　　本书是在我博士学位论文的基础上加工而成的。在论文选题时，正值党的十八届五中全会召开，会议提出要破解发展难题，增强发展优势,必须牢固树立并切实贯彻创新、协调、绿色、开放、共享的发展理念。我的博导张爱卿老师结合这一特定历史事件对我进行了耐心点拨,使我的博士学位论文有了突破性的进展。在学位论文写作过程中,中央财经大学商学院王巾英教授、崔新建教授、林嵩教授、于广涛教授、朱飞教授及王震、李季等众多老师都给我提出了很多宝贵意见,使我能在更宽广的视野下开展研究。在论文调研过程中,任强、刘健、李武魁、贺志飞、毕辰欣等一大批同学及学生给我提供了无偿帮助,让我获取了第一手的研究资料。在论文创作过程中,北京师范大学的杜晓鹏博士、张凌博士、华南理工大学的刘朝宇同学及贵州财经大学一大批同事在研究方法上给予了大力支持,让研究更加严谨科学。在书稿成型过程中,中国社会科学出版社的彭莎莉、王鸣迪老师及其同事给予我大力支持和帮助,在此向你们表示深深的谢意。

第一章 导论

第一节 问题的提出

随着人类进入以创新为主导的知识经济时代，企业间的竞争变得日趋激烈。传统的依靠压缩成本、改造流程等活动已经不能维系组织的长期生存，企业唯有通过创新方能赢得竞争优势，获得可持续发展。作为企业创新的微观基础（Liu, Chen, & Yao, 2012），员工的创造力一直是组织行为与管理研究重点关注的议题，学者们从个人知识储备、经验、团队知识分享及组织创新氛围等方面得出了许多丰硕的成果。近年来，随着战略人力资源管理理论的兴起，部分学者们研究发现企业人力资源管理实践和活动有利于员工创新行为能力的培养（Dorenbosch, Van Engen & Verhagen, 2005; Sanders, Moorkamp, Torka, Groeneveld & Groeneveld, 2010），能够促进和激发员工的创新行为。但也有学者认为人力资源实践并不会直接对员工行为产生影响，而是首先建立在员工对组织人力资源实践的认知和评价来实现（Collins & Smith, 2006; Meyer & Smith, 2000），只有当个体能够感知到组织的系列人力资源管理实践与个体的预期相符时才能激发员工的内在需求，产生创新行为。雇主品牌作为企业人力资源管理实践培育的品牌，其本质上是雇员和潜在员工对雇主向他们提供的一系列功能利益、经济利益及心理利益的感知和评价，理论上应该比单个人力资源管理实践活动的效果更加明显。因此，本书的主要工作正是去研究员工感知的雇主品牌与员工创新行为的关系，并探寻其中的作用机制，这不仅是理论上的诉求，而且也是时代呼唤的结果。

一 理论的诉求

自人类社会提出创新思想以来，理论界和实践界都对"第一生产力"给予了足够多的关注。现有研究表明，影响员工创新行为的驱动因素研究大多集中在组织领导力、员工的个性、知识等个体角色及团队知识合作和分享等因素方面（Anderson, Potočnik & Zhou, 2014）。近年来，随着学者们开始关注人力资源管理实践对员工态度和行为的影响，支持型、承诺型、高绩效工作系统等人力资源实践活动被验证与员工的创新活动正相关（Liu, Gong, Zhou & Chi Huang, 2017；王永悦和段锦云，2014；张瑞娟、孙健敏和王震，2014；何洁，2013；Jiang, Wang & Zhao, 2012）。然而，由于企业人力资源管理系统的惯性及人力资源管理实践的独特性、连续性及一致性等特征，人力资源管理实践对员工的态度和行为的影响往往是缓慢的，需要经历一段较长的时间才能对组织结果产生影响（Huselid & Becker, 1996）。因此，Meyer & Smith 等学者对人力资源实践与员工创新行为关系提出了不同的看法，部分学者认为企业声誉相比人力资源管理实践更能直接影响组织绩效（Zorn, Roper & Richardson, 2014；Barney, 2001）。

雇主品牌作为一个与企业声誉高度相关的变量，因上世纪末爆发的人才大战而引起了实践界和理论界的很大兴趣，一度被誉为"人才吸铁石"。管理哲学之父查克斯·汉迪曾说："今后，我们将不再寻找工作，而是寻找雇主。"因此，在雇主品牌研究的早期，学者们更多地集中在它的外部对人才的吸引方面，大多把雇主品牌定位为"雇主承诺的一个以雇员为中心的、能促进员工成长的最佳工作场所"，企业主通过各种人力资源方式方法、政策手段向内外部员工传递这一价值定位，最终达到吸引和维持企业人力资本的目的（Dineen & Allen, 2016；Jones, Willness & Madey, 2014）。随着2008年全球金融危机的爆发，很多国家都陷入了经济衰退的困境，理论界对雇主品牌的研究更多转向了内部雇主品牌视角，并证实了良好的雇佣体验能改变员工投入等行为变量，最终起到改善组织绩效的目的（Martin, Gollan & Grigg, 2011）。此时，雇主品牌更多的定义为一种员工的体验和预期，是员工对企业人力资源管理实践的感知。另外，已有学者实证得出了雇主品牌是人力资源管理实践活动的结果变量，这样，我们架构起了雇主品牌与员工创新行为之间的桥梁，相关研究不仅可以为员工创新行为的驱动因素找到一个新的变量，而且也将进一步丰富雇主品牌相关理论成果。事实上，近几年对雇主品牌的研究，已经不再单单局限于它对员工的吸引和保留上，学者们已经通过各种方法证实了雇主品牌对组织公民行为、工作满意度、组织承诺、工作绩效等的影响（Gözükara & Hatipoğlu, 2016；张宏，2014；Robertson & Khatibi, 2013；Vaijayanthi, Roy, Shreenivasan & Srivathsan, 2011），而组织公民行为、工作满意度、工作绩效等都与员工的创新行为有密切关系，这些研究都为本书的研究做了较好的理论铺垫。

二　时代的召唤

随着我国经济发展步入新常态，国内企业告别了粗放式的、不可持续的增长模式。一方面，在新经济形势下，企业不可避免地进入了一个结构转型调整及微利润时代，传统采用代工、模仿等发展战略的企业正在因人口红利的消失而丧失比较优势。另一方面，随着技术革命和互联网快速发展，"共享经济"等新的商业模式不断涌现，这些都给国内企业带来了前所未有的机遇和挑战。作为国家创新体系建设的重要组成部分，科技企业大多从事信息、通讯、电子、新能源、生物工程、新材料等受国家产业政策支持且科技含量较高的产业，有创新的组织氛围和内在驱动力，对推动我国经济建设和社会发展起到了重要作用。然而从全国范围来看，目前我国科技企业的整体创新能力，特别是科技型中小企业的创新能力还不够强，其资源配置大多集中在应用层，原始创新能力薄弱。在行业分布上，智能生产设备、新能源业务、生物医药等高科技企业的创新能力相对较弱，缺少核心技术，体现为"四强、四弱、一偏低"。

另一方面，随着互联网、微信、微博等的快速发展，传统的组织架构及运行模式正在悄然发生变化，人类社会已经进入了一个新雇主经济时代。在新时代下，80、90后正慢慢成为企业的主力军，他们更加关注自身的情感体验和变化，有更强的价值诉求，其工作目标已经从"谋生手段"向"追求幸福、获得更高品质生活、实现人生价值"转变。在这一过程中，传统的"关注工作、关注目标"的人力资源管理方式已经不能适应时代的发展，必须向"关注成长、创造幸福"进行转变，企业对员工的管理不能再以简单的控制作为主要手段。智联招聘2018年度最佳雇主显示，雇员对理想雇主的四大核心诉求分别是尊重、信守承诺、薪酬和发展，在这四大诉求中，尊重是最重要的诉求，其次是雇主信守承诺、提供具有竞争力的薪酬及个体的发展。调研结果告诉我们，在新雇主经济时代，员工更加重视他们工作中的体验，更加关注雇主提供给员工的各种情感性资源。对科技企业来说，其雇员大都具有年轻、学历高、综合素质强等特点，他们更加注重情感需求和价值实现需求，渴望被平等的对待，希望受人尊重和拥有较好的发展机会。然而从近几年各种"最佳雇主"的评选结果来看，入围前100或者150名榜单的更多是部分外资企业及国内一些老牌的金融、地产企业，科技企业入围的只有我们耳熟能详的"腾讯公司""阿里巴巴""百度"等寥寥数家。因而综合二者来看，选取科技企业作为研究对象，一是因为科技企业本身有创新和建设雇主品牌的需求，二是因为科技企业有创新的组织氛围，其员工有创造力及领域相关技能，能尽量避免遗漏影响员工创新行为的一些主要解释变量，确保研究的科学性。

因此，倘若我们能验证科技企业雇主品牌对员工创新行为的积极作用，那么不仅能满足新雇主时代企业和员工对雇主品牌的迫切需求，而且也寻找到了新的激发科技企业员工创新行为的驱动因素，既丰富了雇主品牌和员工创新行为的理论基础，又从实践中给雇主品牌的构建提供合法性基础，具有较强的理论及实践意义。

第二节 研究目标

对雇主品牌及员工创新行为的研究，国内外学者从不同侧面及视角做出了大量有益的探索和尝试。在本书中，我们拟将二者统合起来考虑，在对当前国内科技企业组织情境特点分析基础上，结合雇主品牌及员工创新行为相关文献，从员工的雇佣体验视角提出雇主品牌影响员工创新行为的新思路。同时，通过引入工作幸福感、工作投入及职业韧性等三个关键变量，进一步深入分析雇主品牌影响员工创新行为的中间机制，构建中国组织情境下科技企业雇主品牌对员工创新行为的作用机制模型。具体来讲，本项研究主要目的有三个：

一 探索科技企业员工感知的好雇主标准

自西蒙·布朗和提姆·安博拉（1996）提出雇主品牌这一概念以来，学者们纷纷从其内涵、测量维度、影响因素及后效等方面开展了大量的研究。然因为雇主品牌包含外部雇主品牌、内部雇主品牌及内外兼具说等不同视角，故而对其内涵、测量及维度划分等至今也未取得一致结论。单就内部雇主品牌而言，不同机构和学者的划分标准就不同，比如翰威特（Hewitt）咨询公司（1998）通过雇员意见调查表、首席执行官问卷及人员咨询库问卷，总结得出雇主品牌由老板或CEO形象、人才形象、管理制度、企业文化环境、公民形象五部分组成；朱勇国、丁学峰等学者在2013—2014年度中国雇主品牌建设调研中，从员工工作体验角度将雇主品牌划分为薪酬福利、职业发展、团队合作、组织实力、工作本身及管理风格六个维度；而张宏（2014）通过探索性访谈，构建了一个包含薪酬福利、工作安排、个人发展、企业实力、企业文化五维度的内部雇主品牌模型，并通过数据检验有较好的信度与效度，然该研究对国内企业是否具有普适性并不十分清楚。因此，本研究拟选择科技企业为研究对象，通过文献梳理和探索性访谈，对员工感知的好雇主标准去做进一步探索，希冀得出一个较为稳定的雇主品牌标准。

二 探讨雇主品牌及各维度与员工创新行为的关系

早期的雇主品牌研究，更多倾向于对外部雇主品牌的理解和塑造，Ruch（2001）、Ewing（2002）、Backhaus（2004）、Berthon、Ewing 和 Hah（2005）等人研究发现，优秀的雇主品牌形象能以较低的成本吸引和留住优秀的人才，达到提高企业竞争力的目的。随着"雇主品牌"理念在实践中的广泛运用，学术界把雇主品牌从吸引潜在员工拓展到了企业内部员工的工作体验及工作满意度等方面。Rogers（2003）认为雇主品牌是企业对内部员工所做出的系列承诺，当员工感知到企业所塑造的雇主品牌与企业承诺一致性高时，雇员会表现出更高的满意度；翰威特（Hewitt）公司也有类似的观点，其认为雇主品牌是员工加入公司后能体验到的工作文化、环境和机会等的一种雇主允诺，当这种体验与员工的需求匹配性越高时，员工会表现出更多的工作投入。著名管理咨询机构沃森特（Versant Works）公司认为：雇主品牌从一定意义上讲就是企业提供给员工的雇佣体验，当员工的雇佣体验与员工的需求一致性越高时，雇主品牌就越能激励和留住员工。近年来，一些学者开始在雇主品牌与员工情感及行为之间关系的相关研究领域进行了尝试。朱勇国和丁雪峰（2010）研究发现，优秀雇主品牌能够提升员工的组织承诺，加强雇主与员工之间的情感纽带。Priyadarshi（2011）研究发现，企业可通过公平的报酬机制、舒适的工作环境、较高的知名度等方面来塑造优秀的雇主品牌形象，员工的雇主品牌形象感知会影响员工的工作态度和行为，雇主品牌形象的不同维度与员工满意度和情感承诺具有正相关关系，而与员工离职倾向则是一种负相关关系。Robertson & Khatibi（2013）、张宏（2014）、Gözükara & Hatipoğlu（2016）研究发现，雇主品牌是影响员工组织承诺、工作满意度、组织公民行为及工作绩效等产出行为的重要前因变量。创新绩效作为工作绩效的一部分，从理论上讲应该受到雇主品牌的影响，然而在他们的研究中，他们并没有具体考虑这一个因素的影响。另外，Martin, Gollan & Grigg（2011）等人研究得出了雇主品牌对组织创新的正向影响，然而他们没有考虑雇主品牌对员工创新行为的影响。因此，本项研究拟在理论上阐释二者的因果关系，然后通过问卷调查的方法收集相关的数据，以期通过实证的方式对二者的直接因果关系进行验证。此外，考虑到雇主品牌是一个多维度的概念，本研究将同时考虑雇主品牌各维度对员工创新行为的影响。

三 探寻雇主品牌对员工创新行为影响的深层次机制

从组织行为学的知识得知，员工行为受外部推动和内部心理过程的影响，组织成员的创新一样受到组织因素与员工内部心理因素的影响。雇主品牌作为组织提供给员工的经济上、情感上及心理上的一种资源，是属于组织因素，而创新是一种对现状的破坏，是对现实存在事物的一种积极的否定，是一种积极的组织行为，因此，这种行为除了受组织因素的影响外，和其他行为一样，它理应受到员工内部心理过程的影响。

在新雇主经济时代，员工更加关注工作过程中所获得的积极心理体验，更加注重高品质的生活和自我价值的实现，工作是否幸福成了影响员工动机和行为的重要心理变量。然而，对于工作幸福感与员工创新行为的关系，学者们之间还存在分歧，也正是因为这种分歧，说明二者之间的关系仍然有待进一步厘清。基于此，工作幸福感能否成为雇主品牌与员工创新行为的中介变量，也是本项研究要重点去进行推导和验证的内容之一。另一方面，工作幸福指数越高，员工对工作领域的积极心理体验就越多，个体在工作中往往会表现出更高的工作投入水平，而工作投入已经被学者们验证是影响员工创新行为的重要因素（Aryee，Walumbwa，Zhou & Hartnell，2012；张瑞娟等，2014；钱白云，苏倩倩和郑全全，2011）。那么工作幸福感、工作投入能否在雇主品牌与员工创新行为之间充当链式中介，则是本项研究要重点推导和检验的又一内容。此外，员工创新往往会遇到各种各样的挫折，职业韧性高的个体往往抗挫折能力更强，因而有利于创新行为的产生。与此同时，抗挫折能力越高的个体，其对生活质量的评价会更高，会体验到更多的幸福感（Massey，Garnefski & Gebhardt，2009）。

那么，职业韧性能否调节工作幸福感与员工创新行为的关系，这是本项研究的重点内容之三。

第三节　研究内容和意义

一　研究内容

本书拟通过总结、梳理国内外关于雇主品牌、员工创新行为、工作幸福感、工作投入及职业韧性等相关方面的研究成果，理清楚各变量间的关系，找出目前研究的不足及可进一步拓展的方向，进而通过探索性访谈和演绎推理建构本书的理论模型，并在此基础上收集数据并对模型进行检验。本书的研究内容主要包括以下几个方面：

（一）文献的总结、梳理。通过梳理各种文献，收集与雇主品牌、员工创新行为、工作幸福感、工作投入及职业韧性等相关的重点资料及书籍，厘清研究的理论基础，理顺各变量的内涵、维度、测量、影响因素及后效，把握各变量研究的发展趋势及理论前沿，并指出目前研究的局限和尚待拓展的空间。

（二）模型的构建。对于雇主品牌、员工创新行为、工作幸福感、工作投入及职业韧性等变量间的关系，现有研究尚不十分明确，工作幸福感与员工创新行为等变量之间关系还存在分歧。因此，本研究拟通过探索性访谈及演绎推理，建构各变量的关系模型。本研究认为雇主品牌不仅对员工创新行为具有跨层直接影响作用，而且工作幸福感、工作投入能够在二者之间充当链式中介，职业韧性对工作幸福感与员工创新行为的关系具有调节作用。

（三）模型和假设验证。通过小样本预调查，对各变量的测量量表进行信度、效度分析，对量表进行进一步完善，然后在此基础上展开正式调查，获得本研究的基础数据，进而采用 AMOS、SPSS 等软件对正式样本的数据质量进行评价，最后利用 HLM 软件对研究提出的主效应模型、有调节的中介效应模型及链式中介效应模型进行检验，去验证研究提出的各假设。

（四）实证结果的分析和管理启示。对数据结果进行分析探讨，得出本书的主要结论，并在此基础上提出自己的管理建议，为理论和实践做出应有的贡献。

二 研究意义

本书从企业内部员工体验到的雇主品牌形象出发，通过运用心理学、营销学与组织行为学的有关知识和理论，探讨雇主品牌对员工创新行为的影响，并深入挖掘雇主品牌对员工创新行为的中间机制，从而构建一个在中国组织情境下科技型员工感知到的雇主品牌对员工创新行为的作用机制模型。这不仅可以丰富雇主品牌及员工创新行为的相关理论研究成果，还可为企业管理者的人力资源管理实践工作提供有益的启示。

（一）理论意义

1. 为企业雇主品牌建设提供理论支持

作为一种从营销学借鉴过来的人力资源服务产品的品牌，尽管学者们从不同角度去验证了其对企业的积极作用，然而与产品品牌、企业品牌等相比，雇主品牌在实践中并没有引起足够的重视。正如领英发布的《2015年度招聘趋势》报告中讲的一样，国内有百分之九十以上的企业主认可雇主品牌的作用，但只有不到百分之五十的雇主建立有雇主品牌战略，对雇主品牌建设健康度进行定期监测的企业比例不到三分之一。然而我们也要看到，在今天的数字媒体时代，不管你是否把雇主品牌当成企业战略，雇主品牌都会通过各种社交网络进行快速传播。有前瞻眼光的管理者，早已将雇主品牌作为人才战略的核心在打造。"对于工业或者企业内部来说，员工是上帝，只有员工满意才能焕发激情。具有激情的员工才会富有创造力；富有创造力的员工才是企业真正的人才，才是企业发展的不竭动力。"[1] 因此，加强雇主品牌建设，提高员工的雇佣体验，促进科技

---

[1] ［美］乔治·梅奥：《工业文明的人类问题》，陆小斌译，电子工业出版社2013年版，第4页。

型员工的内部动机与心理需求满足，消除员工的焦虑、紧张与不胜任状态，提高员工的工作幸福感和工作投入水平，促进其创新水平的提高，不仅对企业具有重要意义，而且能为企业雇主品牌建设提供理论支持。

2. 为员工创新行为的相关研究提供一个新视角

员工的创新行为一直是理论界和实业界重点关注的话题，从熊彼特提出"创新"一词以来，对创新的探索就从来没有停止过。在过去的二三十年，研究者们从不同角度对员工创新行为的内涵界定、形成机制、员工创新行为的结构及度量及员工创新行为影响因素等做了大量有益的探索，对创新行为"有益性""多阶段的过程性""新颖性"等特性已经达成了共识，对员工创新行为的影响因素也涉及了员工的个体因素、工作特性因素、组织内部因素及组织外部因素等诸多方面。目前，对如何激发员工的创新行为似乎达到了一个"瓶颈"，理论和实践均在呼唤新的视角的出现。雇主品牌作为国内学术界和实践界非常关注的热点话题，目前研究正从外部视角向品牌内化转变，倘若能验证雇主品牌对员工创新行为的正向作用，那么为员工创新行为给出一个新的解释视角，这不仅能丰富员工创新行为相关理论的研究成果，也为后续的研究提供了一个框架性的指导。同时，"雇主品牌—员工创新行为"这一关键路径存在的合法性也为后续对于该路径内部机制的研究提供了一个大前提。

3. 为"幸福"企业构建提供理论基础

幸福是人类永恒的主题，是人生的目的和权利。工作幸福感作为幸福感的重要组成部分，与企业的人力资源管理活动密切相关。已有研究表明，"幸福"企业的核心制度是尊重和认可，其建立有让优秀员工的行为得到及时、公正认可的激励系统，"幸福"企业和员工一起工作，共同发展，共享利益，"幸福"企业员工具有更好的合作精神、更高的满意度、更佳的信任关系、更强的创新精神等。在管理实践中，星巴克、天九幸福集团等企业通过"幸福"企业建设提高了员工的积极性和主动性，促进了企业的快速发展。本项研究从理论和实证上推导出雇主品牌对员工工作幸福感的正向影响，为"幸福"企业的构建提供了理论基础，即企业可以通过雇主品牌建设来塑造"幸福"企业，最终实现组织和员工的双赢目标。

（二）实践意义

在管理实践中，核心能力一直是组织赢得长期竞争优势和超额利润的基础。从上世纪90年代开始，随着科学技术给企业带来的深远变化及学者们对资源观企业理论认识的深化，人力资源因其价值性、稀缺性和难以模仿性等特征逐渐成为企业竞争优势的源泉。对人力资源管理者来说，如何去满足员工的多样化需求，如何调动员工的主动性、积极性，让员工在工作中产生更多的创新想法并加以实施，是人力资源管理者孜孜不倦的追求。对科技企业来说，创新是企业对雇员的客观期待，只有激发了员工的创意，产生更多的创新行为，科技企业才能在创新环境下获得生存和发展。

本书将雇主品牌理论纳入员工创新行为的激励机制之中，结合科技企业员工的特点，从满足员工的价值主张出发，提高员工的雇佣体验，提出通过打造理想雇主品牌来提高员工工作幸福感和工作投入水平，进而激发员工创新行为的可操作方案及具体思路，从而提高组织的核心竞争力，为组织的可持续发展和"百年企业"打造提供有益的帮助。

第四节　研究方法、思路及技术路线

一　研究方法

根据研究的需要，本书综合运用了规范研究与实证研究相结合、定性与定量分析相结合的方法，具体方法如下：

（一）文献研究。通过中英文数据库检索，大量获取与本研究领域相关的文献，然后在此基础上进行归纳总结和逻辑演绎，为建构科技企业雇主品牌与员工创新行为的整体关系模型奠定理论基础。

（二）探索性访谈。由于本研究提出的相关变量之间的关系在已有的研究中尚不十分明确,因而采用访谈法获取科技企业员工的雇主品牌感知、工作幸福感、工作投入、职业韧性及创新行为等变量的第一手资料,并结合文献研究的结果,提出本研究的理论模型和研究假设。

(三)问卷调查。为对本书提出的假设进行定量分析,本研究结合已有的成熟量表和访谈资料形成初始问卷,经过预调查对各变量的效度和信度进行分析,经修正后形成正式问卷,并且通过大量发放问卷获得本研究需要的数据。

(四)实证研究。通过运用 SPSS、AMOS 及 HLM 等工具对调查数据进行处理,对本书提出的直接效应、链式中介效应及有调节的中介效应等模型进行检验,验证本书提出的各种假设。

二 研究思路及技术路线

(一)研究思路

首先,本书从新雇主经济时代员工的工作目标变化出发,诠释企业雇主品牌建设对企业建立持续竞争优势的重要性,并结合雇主品牌与员工创新行为的理论发展趋势,提出本书的研究目标。其次,通过文献研究和探索性访谈,阐述雇主品牌为什么能影响员工的创新行为以及它是通过什么样的路径影响员工的创新行为的,从而建构本书的研究框架和理论模型。再次,借助规范的统计学手段,科学获取本研究所需要的各种数据,并采用相关统计分析软件对研究提出的各种研究假设进行检验。最后,对研究结论进行分析,提出本研究的管理建议,并指出存在的不足之处及后续跟踪研究的方向。

(二)技术路线

技术路线是研究的总体规划。本书的技术路线如图 1.1 所示:

第一章 导论 13

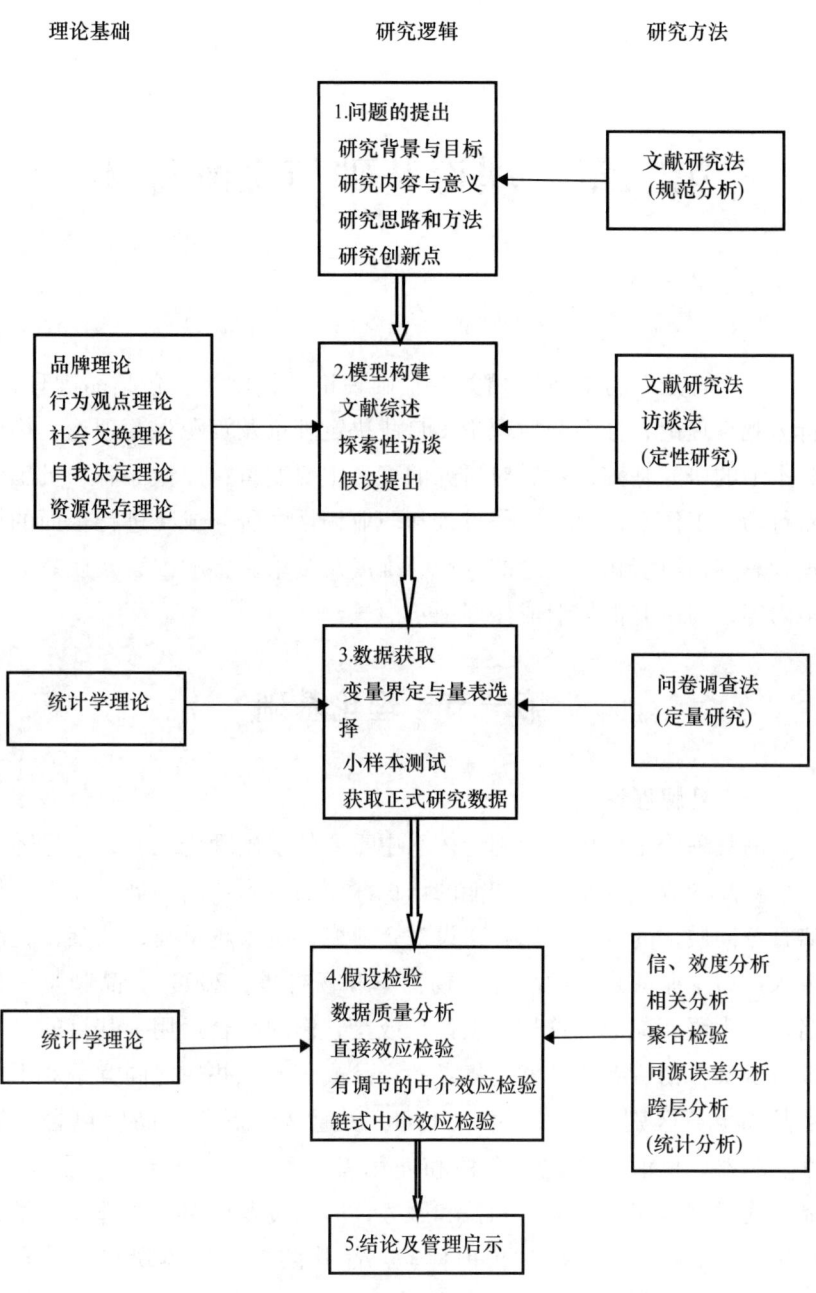

图 1.1 技术路线图

第二章 理论基础与文献综述

本章首先对与本研究相关的基础理论进行阐释,包括品牌理论、行为观点理论、社会交换理论、自我决定理论及资源保存理论,构建起本书的研究基础;然后对研究的五个主要变量:雇主品牌、员工创新行为、工作幸福感、工作投入和职业韧性的研究成果进行全面的梳理和总结,厘清相关概念的内涵、维度及测量、影响因素及后效等基本内容,为研究框架形成做好铺垫。

第一节 理论基础

一 品牌理论

品牌理论是市场营销理论体系中重要的基础理论之一,它伴随着人们对品牌资产及其溢价功能的认识深化而得到不断拓展。在企业战略日益同质化的今天,品牌建设对企业变得越来越重要,从某种程度上来讲做企业就是在做品牌(杨艳军和杨吉华,2008)。品牌是一种名称、术语、标记、符号或设计,或是它们的组合运用,其目的是借以辨认某个销售者或某群销售者的产品或服务,并使之同竞争对手的产品和服务区别开来(AMA,1960)。通常情况下,品牌包含了属性、利益、价值、文化、个性和使用者(Kotler,1984)六层含义。品牌通过其鲜明的特征、利益和服务,向消费者传递了商誉和质量的承诺,给消费者不一样的价值体验。品牌的重要性体现在其具有识别、竞争和增值等功能(徐尤龙,2015)。品牌的识别功能指的是品牌不仅仅是一个具有优质功能性价值的简单商标,更是因为其所产生的心理和社会价值而受到消费者的关注（King，1970；Pettis，1997）。品牌的竞争功能体现在品牌的差异化带给顾客不一样的价值体验，因而塑造了品牌的个性化特征。品牌的个性化特征使品牌从一个没有生命的物体或抽象概念成为一个富有生命力的存在（宋旭琴和向鑫，2006），从而提升顾客对品牌的忠诚度和美誉度，帮助企业建立良好的客户关系，提升企业的竞争力。品牌的增值功能体现在品牌所蕴含公开的、长期的和稳定性的专有化投资及良好品质信誉契约，降低了消费者的信息搜寻成本和购买产品的功能风险，从而带给企业高额的回报和稳定的收益（魏农建和冀丽俊，2005）。

近年来，随着企业间竞争不断加剧，市场的同质化趋势日趋明显，研究者们将品牌上升到了企业战略的高度（Keller，2003，2008），因而学者们在品牌内涵上把品牌符号论上升到了品牌本体论，并从品牌信誉及品牌契约等方面进行了深入研究；在品牌外延认识上，学者们把单纯的产品研究扩展到了企业品牌、雇主品牌等更广阔的外延上，很多企业开始把"员工导向"和"消费者导向"看得同等重要，因而对品牌价值的生成和理解也更加深入；在品牌理论方面，学者们对消费者和员工的各种行为进行了深入研究，品牌资产理论、品牌关系理论、品牌依恋理论等得到了迅速发展。雇主品牌作为品牌的一种，理论上应该具备品牌的一般功能。朱勇国和乔春燕（2008）从"符号""关系""资源"入手，认为雇主品牌是体现差别性雇佣承诺的象征和符号，是能提升企业形象的雇佣体验，是能给企业增值的管理促进工具。事实上朱勇国的这个定义，正好解释了品牌的这三个功能。首先，雇主品牌作为体现差别性雇佣承诺的象征和符号，向现有雇员和潜在雇员传递了当前企业是最佳工作场所的理念，从一定意见上讲就是品牌的识别功能；其次，雇主品牌作为提升企业形象的雇佣体验，其主要是通过提供具有吸引力的薪酬福利、工作安排等，塑造良好的企业内部关系，提高雇员的满意度和忠诚度，从而提高竞争实力；最后，作为给企业增值的管理促进工具，它一方面能吸引优秀人力资本加盟企业，另一个方面能改善员工的工作投入等行为，这些都能给企业带来增值功能。由此来看，在人力资源管理实践中，完全可以借鉴品牌理论的主导逻辑，来推导雇主品牌对员工态度和行为的影响。这个一方面可以进一步丰富品牌理论，同时也给雇主品牌理论产生、发展奠定理论基础。

二 行为观点理论

行为观点理论是战略人力资源管理的基础理论之一，它的基本观点是员工的行为与技能是组织战略及绩效的中间变量，人力资源管理活动的目的是为了诱导或控制员工的态度与行为符合组织利害关系人的期望（Miles & Snow，1984；张正堂和刘宁，2005；蒋建武和赵曙明，2007）。换句话说，有效的人力资源管理实践在组织中不应该是一个被动的角色，它应该通过岗位分析、胜任力模型构建、职位评价、考核系统等的合理设计，向组织员工传递组织支持的及期望的角色行为，并通过各种人力资源制度对员工的行为进行审核，确保员工的贡献和价值能够得到有效评价与激励，保证对内具有公平性、对外具有竞争力，最终达到提高员工个人绩效及组织竞争力的目的。行为理论之所以引起战略人力资源管理者的重视，原因在于它本身植根于角色理论，二者都共同关注员工与组织之间相互依赖的角色行为，核心是通过组织的人力资源管理活动来引导和改变员工的角色认知（叶海英和刘耀中，2010）。在一个组织中，尽管个体知觉到的角色与个体的"自我意识"密切相关，但"自我意识"源于个人与组织的互动，当个体感知到组织对某类行为予以更多的支持时，个体的角色认知会发生改变。角色认同理论的演进，进一步推动了行为理论的发展。Farmer & Tierney（2003）、杨晶照等（2011）实证检验了员工创新角色认同度对其创新行为的影响，进而建议管理者应该想法强化员工的创新角色认同，促进员工创新行为的产生。

雇主品牌作为人力资源管理活动的结果，其薪酬、招聘、培训、考核等各个模块环节的设计决定了雇主所能够为员工提供的工作体验的内容，同时也包含了企业对员工的角色期待。按照行为理论，如果员工的实际工作体验和雇主的承诺吻合程度越高，雇员的行为越有可能朝着雇主期待的方向发展。一个好的雇主优势在于它的人力资源管理活动能够让员工感受到企业有吸引力的承诺已经实现，因而能提升员工的满足感和忠诚度，激发员工的积极性和主动性，进而达到提高组织生产力的目的。对科技企业来说，好的雇主一方面提供给员工好的工作条件及薪酬福利，同时又积极营造尊重员工、信任员工等的组织氛围，给员工独特的工作体验，更何况科技企业本身又对员工有积极创新的行为期待。因此，行为理论可以作为用来推导雇主品牌与员工创新行为的理论基础之一。

三 社会交换理论

社会交换理论是社会心理学的重要基础理论之一，产生于20世纪50年代末期的美国社会学理论，主要代表人物有美国社会学家乔治·霍曼斯（George Homans，1958）、彼得·布劳（Peter Blau，1964）、哈罗德·凯利（Harold H. Kelley，1959）和理查德·埃默森（Richard Emerson，1972a，1972b）等人。社会交换理论认为：社会中的任何事物都有特定的价格，整个社会活动的实质是人与人之间相互等价地给予或回报彼此间所需要的事物（金盛华，2010）。换句话说，该理论认为人之所以实施某一行为，是因为对方有吸引自己或者能满足自身某些需要的事物，这里的事物不仅仅只是物质财富，还包括友谊、地位、身份、声望等精神方面的财富。个体为得到自己所需要的物质，必须用金钱、努力工作、放弃享受等来进行交换。社会交换理论用经济学的观点和方法来诠释人类行为心理，开辟了行为解释的新篇章，众多学者对社会交换理论表现出了很大的兴趣。社会交换理论经历了霍曼斯（Homans）的行为主义交换理论、布劳（Blau）的结构主义交换理论及凯利（Kelley）的认知交换理论等三个阶段，其理论体系得到了不断完善和发展。

在社会交换理论中，行为者不仅仅可以是个体，也可以是合作群体或者特定实体。行为主体的拓展，使社会交换理论分析范围从微观人际交换扩展到了宏观组织网络。近年来，越来越多的学者运用社会交换框架来探索组织与员工的关系问题，建立了诸如心理契约、组织员工诱因—贡献、组织认同等系列重要理论研究模型（潘杨，

2014），研究得出了建构组织与员工关系的基础是员工通过忠诚和努力工作来换取组织给予的经济利益和社会奖赏的结论（Rhoades & Eisenberger, 2002; Shore & Coyle-Shapiro, 2003）。换句话说，在一个组织内部，员工的付出与他们所获得的资源和收益有关，当个体知觉到从组织获得了更多的经济及社会情感性资源后，他们心理上感觉应该以更大的热情和投入去和组织进行交换，因而个体往往将"自我"更多地带入工作角色中去，为组织和工作贡献更多角色内和角色外行为。这一发现可以用来很好地解释企业与员工之间的雇佣关系，好的雇主通过给员工提供好的雇佣保证及情感体验，满足了员工物质和精神方面的需求。基于社会交换理论，员工会通过各种努力来回报企业，创新作为一种个体的积极组织行为，理论上也在员工的努力范围之内。因此，从这个逻辑上来说，社会交换理论可以用来作为推导雇主品牌与员工创新行为的又一理论基础。

四　自我决定理论

自我决定理论是 20 世纪 70 年代末由美国心理学家爱德华·德西（Edward L. Deci）和理查德·瑞安（Richard M. Ryan）等人提出，后经过 40 多年的不断完善发展形成的一个较为完整的动机过程理论。该理论由认知评价、有机整合、因果定向、基本心理需求及目标内容 5 个子理论构成，强调内在动机对个体体验和行为的重要意义，同时又辩证地阐述了外部环境对促进内部动机及外部动机内化的过程。该理论认为：在社会环境因素与个体的因果定向共同作用下，个体自主、胜任、关系等三种基本心理需要能够得到不断满足，不仅能增强个体的内部动机，而且能促进外部动机的内化，最终导致个体健康及良好的绩效（张剑，张建兵，李跃 & Deci, 2010；张剑，张微和宋亚辉，2011）。在这个社会环境因素对个体行为影响的有机辩证模型中，个体的自主、胜任、关系等 3 种基本心理需求是核心，它们是满足幸福感的关键因素（苗元江，2003），只有当 3 种基本需要得到满足时，个体才会朝向积极健康的方向发展。自我决定理论这一综合环境因素影响个体幸福感的重要结论，在教育、运动与健身、心理健康等领域得到了广泛的应用。

另一方面，自我决定论的核心是去提升个体的内部工作动机，而内部工作动机（自主性工作动机）已经被验证与员工的工作卷入、良好的工作绩效，尤其是创造性存在正相关（张剑等，2010；Amabile，1988），因而自我决定理论在组织管理领域的主要应用是如何通过满足员工的3种基本需求去激发员工的工作动机（林桦，2008）。依据 Gagné & Deci（2005）提出的工作动机自我决定模型，工作的挑战性（Challenge）、选择性（Choice）、合理性（Rationale）、反馈（feedback）及管理者的自主支持（Managerial autonomy support）等工作环境因素影响个体的自主性工作动机，进而影响员工的工作幸福感及工作绩效等。好的雇主关注员工的价值诉求，提供给员工不一样的工作体验，能从多方面去满足员工的自主、胜任、关系等基本需求，因而从理论上讲能强化员工的内在动机，提升员工的幸福感，进而对个体的创新绩效产生影响。因此，自我决定理论可以作为雇主品牌对员工工作幸福感及创新行为影响的基础理论依据。

五　资源保存理论

资源保存理论是霍布福尔（Hobfoll）在1989年提出的一个关于工作压力和倦怠过程的重要理论。该理论假设人们总是在积极努力地维持、保护和构建诸如薪酬福利、社会支持、工作发展机会等有价值的资源，当个体拥有较多的资源时，个体不仅拥有较强的防卫资源损失的能力，而且更有能力获得资源，增强抵御倦怠的自我效能感。反之，当个体丧失特定资源或无法得到预期回报时，个体更易遭受资源损失带来的压力，产生不安全感和倦怠感（Hobfoll，2001；曹霞和瞿皎姣，2014；袁凌，李建和贾玲玲，2014）。资源保存理论从资源的损耗和收益视角揭示了个体对资源的保存、获取和利用的心理动机，从一个新的视角诠释了压力及情绪耗竭等问题，为预测员工工作态度和行为提供了新的理论基础。近年来，资源保存理论已经被广泛应用于工作倦怠领域，其中解释工作倦怠及投入的重要理论工具"工作需求—资源模型"就是基于资源保存理论发展而成的（曹霞和瞿皎姣，

2014)。

"工作需求—资源模型"假设组织工作环境和个人资源共同影响员工工作投入的心理状态，进而影响其工作绩效。在这个模型中，组织环境因素既包括自主性、绩效反馈、上司指导等工作资源，又包括工作本身对员工的体力、精神及情感等工作方面的需求，工作资源和个人资源正向影响员工工作投入，而工作需求在他们之间起调节作用（Bakker & Demerouti, 2008；孙敏, 2012）。"工作需求—资源模型"从资源观的角度，很好地诠释了员工投入的本质、体征及机制，对改善员工工作态度和行为具有积极作用。好的雇主能给员工提供各种经济及情感性的资源，理论上能提高员工的工作投入水平，因而资源保存理论可以用来推导雇主品牌与员工工作投入的理论基础。

第二节 雇主品牌研究综述

一 雇主品牌的内涵

雇主品牌是近年来人力资源管理领域的一个比较流行的概念，发源于上世纪80年代美国《财富》杂志举办的"最佳雇主"（Best Employers）评选活动。此后，随着雇主形象这一概念得到实践界的广泛关注后，从而引起了学术界对雇主品牌概念及相关理论研究的巨大热情。率先提出雇主品牌这一概念的是Ambler & Barrow 二人，他们借鉴市场营销中的品牌理论，把雇主品牌定义为由雇佣关系带来的、与雇主联系在一起的功能、经济和利益的组合。Ambler & Barrow 建构的雇主品牌概念，给人力资源管理领域开辟了一个新的视角，即雇主品牌是一个最佳工作场所的代名词，企业可以通过各种人力资源管理实践活动去塑造优秀雇主品牌，达到吸引和保留优秀人才的目的。Ewing、Pitt、deBussy & Berthon（2002）、Backhaus（2004）、Berthon、Ewing & Hah（2005）等学者都有类似的观点。随着人们对雇主品牌认识的不断深入，学者们对雇主品牌的内涵进行了拓展，认为雇主品牌不仅仅是企业在外部劳动力市场树立的人力资源定位形象，雇主品牌也应该是企业和员工之间被广泛传播的一种情感关系，是企业对内部员工做的品牌承诺（Rogers，2003），是员工的一种雇佣体验（Martin，Beaumont & Doig，2005；Edwards，2010），是企业所传递的一种价值体系（Deepanjali，2014）。由于不同学者站的角度不一致，目前学术界对雇主品牌内涵的界定还没有形成统一的认识，不同学者分别从各自的研究角度对雇主品牌做出了界定。

表2.1　　　　　国外学者对雇主品牌内涵的界定

作者（年份）	构念
Ambler & Barrow（1996）	雇主向雇员提供的功能利益、经济利益、心理利益的组合。
Ewing et al.（2002）	作为雇主的企业在劳动力市场上树立的、本企业是最佳工作场所的形象。
Rogers（2003）	雇主品牌是企业对内部员工的品牌承诺，雇主应将为顾客创造的品牌经历同样传递给员工。
Backhaus & Tikoo（2004）	企业塑造的独特而有吸引力的雇主形象。
Berthon et al.（2005）	企业在劳动力市场上建立本企业是最佳工作场所的形象。
Martin et al.（2005）	雇主品牌看作是对企业差别性雇佣体验的表达，而不是招聘的辅助工具或广告宣传。
Edwards（2010）	雇主品牌是企业向员工提供的一种独特的雇佣体验。
Deepanjali（2014）	企业向它现有雇员和外部劳动力市场传递的一套价值体系。

国内学者对雇主品牌的研究起步较晚，而且多数是在国外研究的基础上对雇主品牌内涵的进一步调整和完善。贺爱忠（2002）认为雇主品牌是在人力资源市场上享有较高知名度、美誉度、忠诚度的企业品牌，它包含吸引、团结、激励、适应、带动、文化六大功能。于岩平（2004）认为雇主品牌更重要的是一种内部品牌，是企业对员工所作出的价值允诺。梁钧平、李晓红（2006）则认为雇主品牌是企业在人力资源市场上的定位，是能给员工提供独特工作经历的最佳工作场所，包括内外两种品牌，对外是最佳工作场所的代名词，对内是能给员工带来独特工作经历的允诺。赵进华、刘进才（2008）等认为，雇主品牌是指企业始终忠于组织承诺，在较长时期内为核心员工提供各种良好的环境条件、待遇和机会，形成一种与众不同的和谐劳动关系，并赢得社会的广泛认同和良好口碑，成为社会人才向往的求职场所的人力资源效应。皇甫刚、刘鹏、司君鹏等（2012）综合

了国内外学者对雇主品牌内涵的界定，认为雇主品牌是企业在其人力资源管理体系各方面中所表现出的综合特色，在市场上和同行业中树立起的本企业所具备的独特雇主形象，不仅体现出了员工因企业人力资源管理活动而形成的独特雇佣体验，还体现出了企业在人力资源市场上所树立的雇主形象，它可以被看作是企业建立起来的拥有知名度和美誉度的人力资源品牌。此外，方卫平等（2006）、周晖等（2009）也从不同角度对雇主品牌给出了自己的定义。

表2.2　　　　　　　　国内学者对雇主品牌内涵的界定

作者（年份）	构念
贺爱忠（2002）	雇主品牌是在人力资源市场上享有较高知名度、美誉度、忠诚度的企业品牌。
于岩平（2004）	雇主品牌是品牌概念在人力资源领域的应用，是与客户服务品牌同等重要的内部品牌，是企业对员工做出的价值承诺。
方卫平、李元旭（2006）	雇主品牌是企业作为雇主区别于竞争对手的形象和承诺。
梁钧平、李晓红（2006）	雇主品牌是企业在人力资源市场的定位，是能给员工提供独特经历的最佳工作场所。
赵进华、刘进才（2008）	雇主品牌是指企业始终忠于组织承诺，在较长时期内为核心员工提供各种良好的环境条件、待遇和机会，形成一种与众不同的和谐劳动关系，并赢得社会的广泛认同和良好口碑，成为社会人才向往的求职场所的人力资源效应。
周晖、侯慧娟、马瑞（2008）	雇主品牌是一个跨学科的综合概念，它作为雇主的形象标志，表现为企业中与激励和留住现有员工以及吸引潜在员工相关的价值、政策和行为体系。
皇甫刚等（2012）	雇主品牌既是企业现有员工的雇佣体验，又是潜在员工对企业雇主形象的认知，是企业吸引员工就业选择的人力资源管理品牌。

在本项研究中，由于我们探讨的是雇主品牌对员工创新行为的影响，其观察视角主要是内部雇主品牌，因而雇主品牌定义沿用于岩平（2004）、Martinet（2005）及张宏（2014）的思想，将雇主品牌定义为：雇主品牌是雇员对企业人力资源管理活动的结果感知，是企业差别性雇佣体验的表达。换句话说，雇主品牌是企业人力资源管理活动形成的独特雇主形象，是能够传递给员工不一样工作体验的价值感知结果。

二 雇主品牌的维度及测量

对雇主品牌结构维度及影响的研究是全面认识雇主品牌价值和作用机制的基础，在品牌形象的营销学研究文献中，Gardner & Levy（1955）对品牌进行了诠释，他们认为品牌形象可以分为产品的功能性特征和象征性特征两部分。这一观点在营销学研究中得到了学者们的支持和验证。因雇主品牌是产品品牌在人力资源管理领域的一个成功应用典范，故学者们对雇主品牌的划分一般基于产品品牌的功能性特征和象征性特征两个维度。因研究者的出发点不同，不同学者对雇主品牌的维度划分也不尽相同。下面将分别对国内外关于雇主品牌测量的相关研究进行综述和梳理，并在这个部分的对目前较为常见的雇主品牌量表进行了简单述说和汇总：

（一）国外研究

较早从功能性特征（工作/组织特征）和象征性特征（人格化特征）两个方面来构建雇主品牌测量模型的是 Lievens & Highhouse（2003）两位学者，他们基于产品品牌的二维结构，提出了从功能性特征（工作/组织特征）和象征性特征（人格化特征）两个方面来衡量企业的雇主品牌形象的测量模型。在他们的研究中，功能性特征是从客观的、实在的角度对工作或组织进行描述，如薪酬福利、晋升机会和工作性质等；象征性特征则是从主观的、无形的角度对工作或组织进行描述，如诚挚、创新、能力、声望、强壮等。Lievens & Highhouse（2003）建构的测量模型，为学者们进行后续研究开辟了一条清晰的思路。在后来的研究中，一些学者沿用了二维的测量模型（Lievens，2007；Van Hoye, Bas, Cromheecke & Lievens，2013）。一些学者拓展了他们的研究模型，如 Berthon, Ewing & Hah（2005）从功能性特征出发，通过归纳和演绎的方法发展了对雇主品牌的测量，并提出一个包含兴趣价值、社会价值、经济价值、发展价值和应用价值五个维度的测量模型。其中，兴趣价值包括新颖的工作实践和令人兴奋的工作环境等内容；社会价值包括融洽的同事关系、愉快的工作环境等内容；经济价值包括薪酬、晋升机会和工作安全性等内容；发展价值包括对员工的认可、职业发展、自我信心等内容；应用价值包括能够将所学知识运用在工作中、指导他人等内容。Priyadarshi（2011）认为应该从组织环境、组织声望与柔性、任务多样性和工作设置、薪酬与职业发展四个方面来测量雇主品牌。其中，企业环境包括雇主对员工的关注、员工培训方面的投资等；企业声望与灵活性包括企业规模、雇主知名度、创新等；工作多样性与任务设置包括日常工作的多样性、对专业知识的应用程度等；薪酬与发展包括高薪、职业发展机会、海外工作与生活的机会等。Vaijayanthi 等（2011）却在自己的研究中提出应该从工作环境、工作—生活平衡、薪酬、企业文化四个方面测量雇主品牌。其中，工作环境包括工作环境的舒适程度、必要的操作工具等；工作—生活平衡意味着企业是否能够保证员工生活与工作达到平衡；薪酬包括绩效薪酬制度、福利等；企业文化包括员工发言权、对变革的承诺等方面。此外，翰威特（Hewitt）咨询公司（1998）在实践中得出了一个包含人才形象、老板或 CEO 形象、管理制度、企业文化环境、公民形象五维度的测量模型，Srivastava & Bhatnagar（2010）通过访谈等构建了一个包含关心员工、授权、职业发展、信誉与公平、自由与道德、产品与服务品牌形象、积极的雇主形象、国外工作机会八个维度的量表，Hillebrandt & Ivens（2012）发展了一个包含文化与沟通、团队精神等十三维度的量表。

表2.3　　　　　　　　国外学者对雇主品牌维度的界定

作者（年份）	维度
Lievens & Highhouse（2003）	功能性特征（工作/组织特征）和象征性特征两维度
Berthon et al.（2005）	兴趣价值、社会价值、经济价值、发展价值和应用价值五维度
Priyadarshi（2011）	组织环境、组织声望与柔性、任务多样性和工作设置、薪酬与职业发展四维度
Vaijayanthi et al（2011）	工作环境、工作—生活平衡、薪酬、企业文化四维度
Srivastava & Bhatnagar（2010）	关心员工、授权、职业发展、信誉与公平、自由与道德、产品与服务品牌形象、积极的雇主形象、国外工作机会八个维度
Hillebrandt & Ivens（2012）	文化与沟通、团队精神等十三维度
翰威特咨询公司（1998）	人才形象、老板或 CEO 形象、管理制度、企业文化环境、公民形象五维度

（二）国内研究

国内学者研究起步较晚，但大多也是基于品牌功能性特征和象征性特征进行开发的。皇甫刚等（2012）借鉴 Lievens & Highhouse（2003）的研究思路与方法，得出雇主品牌的功能性特征包括个人价值实现、薪酬、组织氛围、企业社会责任、个人发展机会、企业实力、工作安排、福利八个方面的内容，象征性特征包括创新、诚挚、愉悦、声望、健壮、能力六个方面的内容。赵书松，张要民和周二华（2008）以在校博士生为研究对象，提出了测量高校雇主品牌的三维度模型，即报酬系统、社会影响力、价值主张。朱飞和王震（2012、2014）基于功能性与象征性模型，采用高校大学生数据，开发了一个包含薪酬福利、价值认可、发展机会、工作生活有效性及企业标签的五维度模型。张宏（2014）从内部雇主品牌出发，开发了一个包含薪酬福利、工作安排、个人发展、企业实力、企业文化五维度的测量模型。

随着雇主品牌在人才招聘及保留等方面的作用凸显，国内一些招聘网站也开始关注这个概念，中华英才网、智联招聘等网站上近年来每年都主办最佳雇主评选活动，他们从实践角度设计了自己的一些指标。譬如中华英才网开展的"最佳雇主"调查，他们从薪酬福利、公司文化、品牌实力、职业发展四个方面来测量大学生求职者和在职人员对雇主品牌的感知情况，这个思维通常被称为"CBCD"模型，在社会上引起了较大的反响。智联招聘和中央电视台从 2005 年开始开发了一个快乐工作指数，从员工的成长感、成就感、归属感三个维度来衡量雇主品牌。此外，国内还有很多学者从实践界的具体评选活动中提炼出雇主品牌测量的具体指标。例如，朱勇国和丁雪峰（2010）通过归纳、演绎及专家会议，等等，提出可以从企业整体、工作团队、员工个人三个层面共 7 个维度来实现对员工工作体验的测量，这 7 个维度包括薪酬福利、工作本身、职业发展、管理风格、直接领导、企业实力、团队合作，经过多年的实践检验，在 2015 年的最佳雇主调查中，又去掉了直接领导这一维度。

表 2.4　　　　　　　国内学者对雇主品牌维度的界定

作者（年份）	维度
赵书松，张要民和周二华（2008）	报酬系统、社会影响力、价值主张三维度功能性特征（工作/组织特征）和象征性特征两维度
朱勇国和丁雪峰（2010）	薪酬福利、工作本身、职业发展、管理风格、直接领导、企业实力、团队合作七维度
中华英才网	薪酬福利、品牌实力、公司文化、职业发展四维度
朱飞、王震（2012，2014）	薪酬与福利、价值认可、发展机会、工作生活有效性及企业标签五维度
张宏（2014）	薪酬福利、工作安排、个人发展、企业实力、企业文化五维度
朱勇国和丁雪峰（2015）	薪酬福利、工作本身、职业发展、管理风格、企业实力、团队合作六维度

三　雇主品牌的功能

在竞争日趋激烈的今天，雇主品牌为人力资源管理领域提供了一个全新的视角，不仅为企业获取优秀的人力资本提供了系统、有效的思路和方法，而且为员工情感、行为等的研究开辟了更广阔的视野。总的来说，雇主品牌有两个方面的重要作用，一方面是雇主品牌能够对潜在的外部雇员产生吸引力，降低企业的人力资源成本；另一个方面，雇主品牌作为雇主提供给员工一系列的经济上、功能上及心理上的利益组合，能够给员工带来很好的工作体验，对员工的情感和行为产生后续影响。

（一）雇主品牌对潜在员工的影响

雇主品牌对潜在求职者的影响在于雇主品牌可以起到一个发信号的作用，向潜在求职者表明企业是一个最佳的工作场所，值得求职者加盟。事实上，求职者找工作的过程从一定意义上说就像一个购买产品的过程，求职者购买工作的资本就是技能、经验等人力资本，而消费者购买产品是实实在在的金钱（Steven，1992）。在求职者寻找雇主的过程中，就像消费者购买产品一样，同样面临信息不对称问题，求职者很难准确知道每个雇主及其工作的详细信息。雇主品牌作为人力资源管理活动和企业系列活动的结果，独特的雇主形象和魅力会像产品品牌一样降低求职的挑选成本，促进企业的招聘活动。Belt、Gatewood 等学者通过实证验证了一个好的雇主形象，能够影响一个求职者的求职选择。Turban & Forretetal（1995）认为，雇主品牌形象和潜在求职者感知的招聘行为以及组织属性正相关。Knox & Feeman（2006）选取服务行业为研究对象，通过实证的方式证明了在招聘中雇主品牌形象与毕业生的求职意愿正相关，并且发现内部员工感知的雇主品牌与潜在求职者感知的雇主品牌形象有显著的不同。朱飞，王震和赵康（2016）采用准实验研究方法证实了雇主品牌对求职者求职倾向的影响。

（二）雇主品牌对内部员工的影响

雇主品牌除了对外部员工具有吸引力外，对内部员工的保留、组织承诺、满意度、组织公民行为、工作绩效等也有显著的影响。2005年 Hodes 调查表明，全球63%的人力资源管理专业人士认为雇主品牌能够帮助企业提高员工的稳定率。Change（2001）通过对护士群体的研究发现，雇主品牌感知对组织承诺和工作满意度具有积极的预测作用。Vaijayanthi 等（2011）的实证研究检验了雇主品牌与感情承诺、持续承诺、规范承诺三个维度之间的密切关系，结果表明雇主品牌感知对这三个维度产生显著正向的影响。Priyadarshi（2011）验证了雇主品牌对工作产出行为的影响，Robertson & Khatibi（2013）从生产效率的视角出发，实证检验了雇主品牌对工作满意度、组织承诺、留职意向等变量的影响。张宏（2014）利用国内数据，检验了雇主品牌对员工组织承诺、工作满意度、工作绩效及离职倾向等产出行为的影响。段丽娜（2011）用性别、工龄、年龄、学历和企业规模作为控制变量，检验了雇主品牌的报酬制度、组织文化、领导风格、企业发展四个维度，与工作绩效的任务绩效和工作绩效两个维度之间的具体作用关系。结果显示：报酬制度、领导风格、企业发展对任务绩效影响更为显著；关系绩效则更容易受到领导风格、企业发展的显著影响。Gözükara & Hatipoğlu（2016）通过对281个参与者的问卷调查，证实了雇主品牌与员工的组织公民行为正相关。此外，周勇和张慧（2010）则对雇主品牌和员工忠诚度之间的关系进行了深入的探讨，通过问卷调查的实证数据佐证了雇主品牌与员工忠诚度的显著正相关关系。谭琰（2012）运用内部营销理论和社会交换理论阐释了雇主品牌对员工组织公民行为的影响。谭依兰（2013）通过实证的方法得出雇主品牌对员工心理资本的影响。

四 雇主品牌的影响因素

作为一种人力资源服务产品品牌，雇主品牌的建设受诸多因素的影响，概括起来有以下三大类：一是组织本身的功能性及象征性投资行为，功能性投资行为包括在产品发展、人力资本及多样化的投资，象征性投资主要指发布企业社会责任报告、宣传和公关等（Jones，2014）；二是组织通过各种形式发布和传递出来的信息，比如通过网页及招聘广告发布的关于组织的信息，通过招聘官面试时向潜在员工传递的信息（王文新，2017）；三是口碑和大众传媒对雇主品牌的影响。由于信息的不对称性，潜在员工对组织的了解往往是模糊的，因而来自组织之外的组织口碑和大众传媒信息对雇主品牌影响较大。Slaughter（2014）发现媒体及其他第三方机构对组织的正向曝光越多，越有利于组织雇主品牌建设；Slaughter & Li（2006）研究发现雇主品牌建设具有同一效应，与媒体曝光的组织信息有类似体验的人更认同该组织的雇主品牌。

五 雇主品牌研究评析

从前人的研究我们可以看出，雇主品牌的概念自1996年正式提出以来就得到了国内外学者的重视。学者们对雇主品牌的研究最初是基于对外部员工的吸引力开始，但随着研究的深入，部分学者认为雇主品牌不仅针对潜在雇员，而且对组织内部员工仍然适用，因而把雇主品牌的研究转入了企业内部。雇主品牌由外向内，学者们给雇主品牌赋予了更多的内涵，因而对雇主品牌的构念和测量也呈现出了各种纷争。与此同时，内部雇主品牌的概念提出，部分学者开始研究雇主品牌对内部员工的态度和行为的影响，为雇主品牌理论拓展了研究空间。本项研究正是基于这一逻辑，从内部雇主品牌视角开展进一步研究。

（1）本研究认为雇主品牌是能给员工带来良好雇佣工作体验的一系列品牌特质组合，现实表现为企业中与激励和留住现有员工的相关制度、政策及行为体系等内容。由于现实中的行业相差较大，我们认为雇主品牌尽管有很多共性的内容，但同时也应该存在一些异质性。同时，雇主品牌是一个多维的概念，但对于多维的构成内容还有较大的区别。本研究拟选取科技型企业作为研究样本，去探讨科技型企业内部雇主品牌的维度划分，为雇主品牌建设提供参考。

（2）综合前人的研究可知，雇主品牌对员工的满意度、组织承诺、组织公民行为及工作绩效等都会产生影响，工作满意度、组织公民行为等与员工的积极性、主动性密切相关，而员工的积极性、主动性与员工的创新行为密切相关，但从学者们的研究来看，还鲜有学者去探讨雇主品牌对员工创新行为的影响。随着我国经济发展进入新常态，唯有创新才能实现企业的可持续发展，科技型企业作为高科技人才的聚集之地，理论上更应该支持创新。本研究选取高科技企业员工作为研究对象，试图进一步拓展雇主品牌理论的研究范畴。

第三节　员工创新行为研究综述

一　员工创新行为的内涵

创新是民族进步的灵魂，是时代发展的主旋律。自熊彼特1912年在《经济发展理论》一书中提出"创新"（innovation）概念以来，社会各界对创新表现出很大的热情，特别是进入80年代后，全球经济进入了一个新的加速期，知识、技术成了经济发展的重要引擎，创新更是受到了全社会的高度重视，学界也从不同动态、过程视角对创新做出了各种各样的阐释。熊彼特认为建立一种新的生产函数，能够获取潜在利润就叫创新，不管是开发新产品、新资源、新市场还是采用新的生产方式或者新的企业形式。Rogers（1962）认为创新是一种新颖的构想或者其他形式，而Thompson（1965）认为创新是新的观点、过程、技术或产品的产生、接受和实施的过程。Thompson对创新过程的理解，得到了 Kanter（1968），Scott & Bruce（1994）等学者的认同，他们认为创新行为是一个涉及想法产生和实施的多阶段的过程，创新行为包括个体创新行为、团队创新行为及组织创新行为等不同层次。

员工创新行为又称个体创新行为，它是组织创新的基础与源泉，因而员工创新行为也格外受到理论界的青睐，理论界对员工创新行为给予了不同的诠释。Scott & Bruce（1994）认为员工创新行为是一个较为复杂的过程，包括个体对问题的认知、观念形成、寻求创意帮助支持、创新想法实验与实践、形成商品化产品或服务等多个阶段。Annouk & Rudy（2000）认为员工创新行为是个体通过积极认知，试图引入和应用的、能给个人、团队或组织带来好处的新的概念、方法、产品或者流程。Kleysen & Street（2001）认为员工创新行为就是"将有益的创新予以产生、导入以及应用于组织任何一个层面的所有个人行动"。尽管这些学者对概念的诠释不完全一致，但还是有一些相同的地方，一是创新不是一个瞬间动作，包括发现问题、创意产生、寻求支持、实施应用等多个阶段；二是创新是将新方法、新产品、新流程等"新颖"的内容引入工作中，并产生对组织有益的结果。在本项研究中，我们参考 Scott & Bruce（1994）、Kleysen & Street（2001）等人提出的定义，将员工创新定义为：员工在组织运行过程中主动观察、思考，形成有利于组织发展的创新并加以实施的个人行为。这一定义包含员工创新行为的产生和应用两个层面的内容，符合创新的本质特点。

二 员工创新行为的阶段划分及测量

从员工创新行为的定义可知，员工创新行为是一个包含多阶段的过程，尽管这一点在学者中达成了共识，然而对于这个过程究竟可以分为两阶段、三个阶段还是多个阶段，学者们还存在一定的分歧。Scott 和 Bruce（1994）认为员工的创新行为应该分为三个阶段：第一阶段是个体基于组织运行过程中一些突出问题，产生新构想的过程；第二阶段是个体去寻求支持新构想的各种资源，考虑能否"产品化"

的过程；第三阶段是个体把创新想法变成有形产品或无形服务并被大量使用的过程。Kleysen 和 Street（2001）通过研究，推导出个人创新行为应包含寻找或探索机会、产生构想、评估构想、支持以及应用五个阶段。在寻找或探索机会阶段中，员工们从组织、产品、工作流程等各个不同方向去广泛地探寻更多创新的机会，为创新打下基础；在构想产生阶段，员工针对各种机会来源广泛进行思考，产生具体的、有利于组织变革行为的新的构想或方法；在构想评估阶段，员工将各种构想、解决方法与意见进行整理，并通过调查及测试等方式去评估各种构想，为创新想法的实施做好铺垫；在获取支持阶段，员工通过调动各种资源说服和影响他人，力图创新能得到组织人员的接受；在实施与应用阶段，组织对常规及执行进行了修改，努力使创新成为企业日常运作的一部分。而 Zhou & George（2001）认为个体创新行为包含创新构想的产生和创新构想的推广与发展执行方案两个阶段，这一观点得到了 West（2002）、King & Anderson（2002）及国内齐义山（2010）等学者的支持，并在实证中得到了多次检验，因而两阶段论在实践中使用较多。

对于员工创新行为的测量，现有研究主要包括客观测量、工作日志分析法及心理测量三种方式。客观测量是指通过使用研发投入或者直接评估发明数、专利数等来衡量员工的创新，但因为个体层面的创新内涵比较丰富，准确的数据很难得到，因而在实际研究中较少采用。工作日志分析法是通过对员工较长一段时间的工作记录和追踪，通过具体数据资料来分析员工的投入和产出。Amabile（1996，1997，2002，2005）、West（1987）等人曾采用过这种方法，但因为这种方法操作烦琐，学术研究中也不常见。在学术研究中广泛被采用的是心理测量方法，心理测量方法是通过对被试的深度访谈或者大规模的问卷调查获得想要的资料。在针对个体创新行为而开发的量表中，学者们使用较多的是 Scott & Bruce（1994）、Tierney 等、（1999）Zhou & George（2001）等人开发的量表，这些量表在实践中表现了较好的信度和效度。Scott & Bruce（1994）使用他们开发的、包含 6 个题项的量表对 172 个主管的创新行为进行检验时，得到了一个单维度的因子结构，这个单维度的量表后来得到了我国台湾学者黄婷（2003）、吴静吉（2006）等人的应用和检验。我国大陆学者王艳子（2011）、张弘（2014）也采用了这个问卷对员工创新行为进行测量，创新行为量表的信度值达到了 0.924 和 0.859。Tierney 等（1999）开发了一个包含 9 个题项的员工创新行为问卷，得到我国大陆学者李悦、王重鸣（2012）的验证，量表被析出只有一个因子，信度系数为 0.923。Zhou & George（2001）在总结归纳前人研究基础上开发了一个包含"产生创新构想"和"推广与应用创新构想"两个维度 13 个题目的量表，被验证具有较好的信度。Kleysen & Street（2001）也开发了一个类似 Zhou & George（2001）的个人创新行为量表，题项比 Zhou & George（2001）开发的量表多出一套题，该量表在中国情景下被卢小君（2007）、顾远东（2011）等人应用，因子分析出员工创新行为包含"创新构想产生"和"创新构想执行"两个维度，并被验证有较好的信度和效度。Janssen & Van Yperen（2004）也开发了一个包含 8 个题目的问卷，该量表也得到了国内学者韩翼、杨百寅等（2011）的验证。

三 员工创新行为的影响因素

在以知识运营为经济增长方式的知识经济时代，员工的创新行为可能给企业乃至整个行业带来一场颠覆性的革命，能够给组织带来高绩效，从而使企业获得竞争优势。因此，从不同角度探讨影响员工的创新因素，已经成了国内外学者、专家孜孜不倦的追求，迄今为止，已经产生了许许多多有益的成果。通过对国内外专家学者研究成果的梳理、汇总及总结，发现影响员工创新的因素主要可以归结于三个方面：

（一）个体层次方面

个体作为创新行为的主体，个体特质、个体心理状态及个体特征因素等都会影响员工的创新行为。早期的个体创新研究中，研究者发现个人的思维方式、人格特征等对创新行为有重要的影响。Davis（1981）、Mills（1993）研究发现，大部分创新者具有好奇心、冒险等特质,随着大五人格理论的发展,部分研究者开始探索具有什么样的人格特质的人更容易创新。Feist(1999)、Rank(2004)等人发现大五人格中的内外倾向对创新活动具有积极的影响,其中外倾性能有效预测创造力和革新;Seibert等(2001)通过研究发现,主动性人格能够预测创新行为。随着人们对个体创新行为研究的逐渐深入,研究者发现,相比个体特质,心理状态对员工的创新行为影响更大,究其原因,是因为心理状态比个体特质更容易改变。这一观点得到了很多学者的佐证,Amabile(2005)研究发现,积极情感有助于新颖的、有创造力的思想与行动的产生,对员工在组织中的创新行为有积极的正向影响作用。Luthans、Youssef & Avolio(2007)、Sweetman等(2010)认为自我效能、乐观等积极心理行为能够引起员工的创新行为,韩翼等(2011)、侯二秀(2012)研究发现员工心理资本等影响员工的创新行为。除此之外,Kovach(1987)、Zhou & George(2001)、张剑(2003)、黄致凯(2004)、薛靖(2006)、卢小君(2007)等学者还发现个体的性别、年龄、学历、职位等也对员工的创新行为有不同程度的影响。

(二)工作特征因素

由于员工创新行为很多产生于工作过程当中,因而工作特征因素容易影响个体的创新行为。工作特征对员工创新行为的影响主要表现在工作自主性、丰富性、挑战性及工作要求等方面。Amabile(1988)、Oldham & Cummings(1996)、Farmer(2003)、Ramamoorthy(2005)、Shalley(2009)等人研究发现,个体从事的工作相对复杂和丰富、个体在工作中的自主性高、对个体意义相对较大,个体越能在工作中产生更多的创新行为。Bunce & West(1994)认为高水平的工作要求能够促使员工调整自身及调整工作,进而促进创新行为的产生。而 Janssen(2001)则认为工作要求水平和创新绩效呈现倒 U 形关系,在中等强度的工作要求下,会带来高的创新绩效。

(三)组织及团队因素

对个体而言,其并不是一个独立的单元,其心理状态及行为必然会受到所在团队及组织环境因素的影响。对于企业的员工而言,其所处的团队及组织内、外部环境是导致其创新差异的重要影响因素，这些因素正是学者们关注的重点，学者们选取了组织内部环境中的不同变量分别对其展开了大量的研究，其中主要涉及领导因素、组织因素、团队因素等。Scott & Bruce（1994）、Janssen（2002）、Gong（2009）、Zhang & Bartol（2010）、韩翼（2011）、姚艳虹（2015）等发现的领导类型、能力、模式和目标取向等都会影响员工的创新行为；Amabile（1987，1996）、Woodman 等（1993）、Aino & Kolvereid（2005）、Janssen（2005）、Hartmann（2006）、Deanne（2007）、薛靖（2006）、卢小君（2010）等发现组织氛围、组织文化、组织愿景、组织支持、组织创新战略及绩效考评等影响员工的创新行为；West & Farr（1989）、Woodman 等（1993）、Scott & Bruce（1994）等人研究发现工作团队或群体特性会影响员工的创新行为；Hoegl & Parboteeah（2006）、Hirst（2009）等研究发现团队反思及团队学习行为等均会影响员工的创新行为。

四　员工创新行为研究评析

从学者们的研究我们可以看出，创新作为组织最积极的因素，自从概念被提出以来就得到了学者们的积极关注，学者们从组织创新、团队创新及员工创新三个层面做了大量卓有成效的研究。员工创新行为作为团队创新及组织创新的基础，理论界从定义、测量、影响因素进行了详细探讨，但迄今为止，不同观点之争还未能达成一致。一是对于员工创新行为阶段划分，还存在二阶段、三阶段之争；二是在员工创新行为的测量上面，有单维度、两维度、三维度及多维度等不同形式之争；三是影响因素方面，学者们的探索更多的是集中在个体特质、领导行为及组织情境因素等控制因素方面。但随着微信、微博、QQ等新媒体工具的快速涌现，组织之间的边界越来越模糊，企业间的透明度也越来越高，员工也越来越关注工作体验和自我价值实现。在这样的时代背景下，雇主品牌作为员工的一种工作体验，能否成为影响员工的创新行为新的驱动因素，本书将在前人研究成果的基础上作较为深入的探讨。

第四节 工作幸福感研究综述

一 工作幸福感的内涵

工作幸福感是幸福感概念在组织与管理领域的延伸，它是伴随着人们对愉悦而有意义的工作生活的关注而产生的（Money, Hillenbrand & da Camara, 2009; Donaldson & Ko, 2010）。工作幸福感与幸福感的概念一样，因为基于不同哲学基础，故而在定义上有所差异。基于快乐论哲学取向的学者们将工作幸福感定义为"个体对自己的工作满意，并体验到更多的积极情绪、更少的消极情绪"（Bakker & Oerlemans, 2011）、"从低到高唤醒的高愉悦体验状态"（Xanthopoulou, Bakker, & Ilies, 2012）等，总的来说，基于快乐论哲学取向的学者认为工作幸福就是主观心理体验，是一种主观幸福感视角。基于自我实现论或者完善论哲学观的学者将工作幸福感定义为"自我实现需要得到满足时的一种工作状态"（Ryff, 1995）、"个体在工作中体验到的情绪和目标感"（Robertson, 2009）等，该类型定义认为工作幸福感是个体通过发挥潜能努力达到完美的体验，以及对职业和自身能力发展的感受。总的来说，基于实现论哲学取向的学者认为工作幸福感就是个人自我价值实现的一种满足感，是一种心理幸福感视角。第三种是整合前两种幸福感视角的，目前来说，整合前两种视角的研究被认为是构建有效的个体工作幸福感概念模型的一个重要发展趋势（Page & Vella-Brodrick, 2009; 黄亮和彭璧玉, 2015）。整合视角认为工作幸福感包含了个体的认知过程，工作幸福感更多是对工作是否愉悦的判断或者体验（Fisher, 2010），是员工在工作中的体验与效能的整体质量（黄亮和彭璧玉, 2015）。本书基于整合研究的视角，将工作幸福感定义为：工作幸福感是幸福感在工作场所的反映，是人们对工作质量是否满意或愉悦的整体认知和评价。该定义综合考虑了个体幸福的实现—快乐循环，具体来说，员工通过判断组织中的各个方面对个体生活、成长、个人价值实现等的满足程度，进而产生的愉悦的情感。

二 工作幸福感的结构及维度

从工作幸福感的内涵可知,不同哲学取向的学者,其包含的内容是不一致的,因而对工作幸福感测量也是有差异的。持快乐论哲学观点的学者认为工作幸福感是对工作的一种情感体验,因而对其测量常采用情感取向模式。当不需要对工作幸福感构成进行深入探索时,单维度的结构可以被采用(王佳艺和胡安安,2006),如 Pavot & Diener (2009)编制的量表。当需要对工作幸福感进行深入的研究时,可以采用多维度的量表,譬如 Bradbum(1969)编制的包括积极和消极情感等两维度的情感平衡量表、Diener 等(2004)编制的包含工作中的积极情感、消极情感、对于工作的整体满意度和对于工作不同领域的满意度等四个维度的量表。持实现论哲学观点的学者认为工作幸福感是个体目标达成的一种体验,常见的量表如 Ryff(1995)提出的包含自我接受、积极的人际关系、环境控制、自主性、生活价值、个人成长等六个维度的模型。综合两种哲学思想的测量往往从多个维度进行测量,如 Warr(1994)提出的包含情绪体验、胜任感、期望、自主性和综合能力的五维度模型;Van Horn, Taris, Schaufeli & Schreurs (2004)提出的包括情绪、动机、社会性、认知幸福感和身心幸福感五个维度的荷兰教师工作幸福感量表,Fisher(2010)提出的包含工作满意度、情感承诺、工作投入、工作卷入和工作积极情绪体验五维度结构及 Dagenais-Desmarais & Savoie(2012)提出的包含工作人际匹配、工作旺盛感、工作胜任感、工作认可知觉和工作卷入愿望五个维度模型。

近年来,部分国内学者也对工作幸福感的维度展开了研究,具有代表性的是黄亮(2014)的研究,它以中国企业员工为样本,建构了一个包含认知幸福感、情绪幸福感、职业幸福感和社会幸福感 4 个维度的工作幸福感量表。此外,郑培兴,吴红林(2012)等也对工作幸福感展开过相关的研究。但总的来说,目前对工作幸福感的结构和维度没有统一的标准。

三 工作幸福感的前因及影响后效

工作幸福感作为积极组织行为学中的重要变量，学者们一直在探讨影响提高员工幸福感的办法，工作幸福感受到人格特质、工作本身、组织环境及管理等几大类因素的影响。人格特质方面，研究者发现外倾和神经质等两种特质（Headey & Wearing，1992；Brough，2005）及豁达、睿智等优秀品质会影响员工的情感和快乐体验（王佳艺和胡安安，2006）；工作本身方面，工作能否满足个体的自主、胜任、关系等3种基本心理需求（Ryan，1975；Greguras & Diefendorff，2009；Slemp & Vella-Brodrick，2014）、能否让员工感觉到安全（Mauno & Kinnunen，1999；冯冬冬、陆昌勤和萧爱铃，2008；Miana，González-Morales，Caballer & Peiró，2011；胡三嫚和钟华，2015）、能否让员工感觉工作与自身匹配性较高（Wrzesniewski & Dutton，2001）及工作能否让员工大脑处于较优的唤醒水平等因素都是影响员工工作幸福感的重要因素；组织环境因素方面，组织提供给员工的经济回报（Brickman & Campbell，1971；Brickman，Coates & Janoff-Bulman，1978；Myers，2000）、组织文化（Lu & Gilmour，2004；李燕萍和徐嘉，2014）、组织承诺（Meyer & Maltin，2010）、领导力（Robertson & Flint-Taylor，2009）等众多因素均影响着员工的工作幸福感；在管理方面，有学者认为人力资源管理与员工的工作幸福感相关（徐宁和李普亮，2013）。此外，个人与组织环境是否匹配（Ahmad & Veerapandian，2012）、工作与生活是否平衡、工作机会、年龄等均对工作幸福感有一定的影响（陈绒伟和董福荣，2012；邹琼，佐斌和代涛涛，2015）。

对工作幸福感的后效研究，学者们从不同角度做了大量的探索，总结起来，工作幸福感对个人、组织及家庭均有不同程度的影响。个人方面，工作幸福感高的员工在日常生活中表现出更多的积极情感，而积极情感一方面可以拓展人们的社交资源，帮助员工建立更好的人际关系（Mishra，1992；Requena，1995），从同事和上司那里获得更多的支持、帮助及友好评价（Staw等，1994；Wright & Staw，1999），从而产生更多的组织公民行为（Donovan，2000；Warren 等，2003），进而改善员工的工作绩效（Wright & Cropanzano，2000）；另一方面，积极情感可以拓展人的积极思维，让人变得更加富有创新性和灵活应变能力（Isen，2000），对员工创新绩效产生正向影响力（James 等，2004；Amabile 等，2005）；另外，积极情感拓展人的生理资源，使人们感到精力旺盛，促进个体在各种体育运动和休闲社交活动（Mishra，1992；Veenhoven，1994）及工作中的投入行为。组织方面，工作幸福感高的员工一方面可以给企业带来更高的顾客满意率（George，1995），进而给企业带来更好的组织绩效（Seligman et al，1986；Pritzker，2002）；另一方面，随着雇主和员工的联系密切度下降，工作幸福感很可能是保留和激励未来高素质员工的黏合剂（Fisher，2010）。在家庭方面，员工工作幸福感的积极效应可外溢到家庭领域，并在员工与家庭配偶之间相互传递，可以起到促进家庭和谐的作用（邹琼等，2015）。

四 工作幸福感研究评析

综合学者们的研究，工作幸福感自提出以来，其在概念、维度、前因及后效研究方面已取得了大量的成果，然而由于工作幸福感有不同的哲学基础，因而在很多方面没达成一致，很多问题有待进一步解决。一是工作幸福感是一种主观认知，比较容易受多种因素的改变，不同行业、环境的人群工作幸福感结构和维度不一定相同，因而对工作幸福感的测量理论上可以在不同人群、不同行业进行细化。二是工作幸福感作为一种主观感受，单单分析个体因素、工作本身等单个因素对其的影响是不够的，笔者认为企业的系列人力资源管理制度、实践等应该对员工工作幸福感具有重要影响，选择雇主品牌对工作幸福感的跨层影响只是一个尝试。三是工作幸福感对创新绩效、工作投入等的影响还可以进一步深入和拓展，目前，理论界对工作幸福感与创新绩效的关系还存在分歧，大部分学者研究发现工作幸福感与员工创新绩效正相关，但也有学者研究发现较低的工作幸福感有助于员工获取较好创新绩效（Zhou & George，2001；George & Zhou，2002，

2007)。

第五节 工作投入研究综述

一 工作投入的内涵

工作投入作为一种积极的个人状态,从一定意义上说是对工作倦怠等负性状态研究的延续,是伴随着积极组织行为学和积极心理学的兴起而引起学者们的关注的。然而,作为一个新兴的研究领域,学者们在相关理论基础、内涵及测量等多个方面尚未明确统一,存在众多分歧。就工作投入定义来说,目前比较流行的定义是基于自我观、契合观和资源观而提出的三种不同观点。基于自我观定义工作投入的学者代表是工作投入的奠基人和先驱者 Kahn,他认为工作投入是自我与其工作角色的结合,当个体工作投入较高时,个体会将自己的精力投入到角色行为中,并在生理、认知和情感三个层次上表达和展现自我,相反,当个体工作投入较低时,个体会将自我从工作角色中剥离(Kahn,1990;Kahn,1992)。基于自我观的投入行为心理条件是个体在角色工作中感觉到心理意义感、安全感和充沛感,这也是该理论的基础。基于契合观定义工作投入的学者代表是 Maslach & Leiter 等人,他们认为工作投入是工作倦怠的另外一极,是员工对工作的积极体验状态(Maslach & Leiter,2008)。该种观点是用个体—工作环境契合理论框架来解释工作投入行为,当个体自我感知自身能力、需求等与工作量、控制、回报、关系、公平和价值等匹配性越高时,个体越容易体验和表现出工作投入状态,反之,个体越容易体验和表现出工作倦怠状态(Maslach,Schaufeli & Leiter,2001)。基于资源观工作投入研究的是以 Schaufeli 为代表的一批荷兰学者,他们认为工作投入是一种以活力、奉献和专注为特征的积极心理状态,是与工作倦怠负向相关但又不同的构念(Schaufeli,Bakker & Salanova,2006)。该观点的理论基础是工作要求—资源模型,假设工作自主权、绩效反馈、社会支持、上司指导等工作资源及个体韧性、乐观等个体资源是工作投入的激励因素。换句话说,当个体资源感知资源充足时,个体越容易体现出工作投入状态。在本项研究中，我们遵循 Schaufeli 等人思路，将工作投入定义为一种以活力、奉献、专注为特征的积极工作状态。

二 工作投入的维度与测量

因学者们对工作投入定义的分歧，故而在工作投入的测量上也存在很大的差异。基于自我观的投入行为研究的学者大都采用 Kahn（1990）提出的工作投入构念，从身体、认知和情感投入三维度来测量工作投入（May, Gilson & Harter, 2004；Rich, Lepine & Crawford, 2010），在实证中已经被验证有了较好的效度。基于契合观定义的学者认为既然工作投入是工作倦怠的另外一极，其包含的精力、卷入与效能三个维度分别对应于工作倦怠中的情绪衰竭、疏离感以及职业自我效能感三个维度，因而在实证测量工作投入时可以采用工作倦怠量表 MBI（Maslach Burnout Inventory）直接进行测量，只是计分时采用反向的计分方式即可。基于资源观的 Schaufeli 等学者认为，既然工作投入与工作倦怠是两种相对独立的心理状态，因而工作投入应该用单独的量表进行测量。在此基础上，Schaufeli 与其合作者开发了一个包含活力、奉献和专注三个子维度 17 题项的全版工作投入量表（Schaufeli, Salanova, Gonzalez-Roma & Bakker, 2002）和 9 个题项的简版量表（Schaufeli, Bakker & Salanova, 2006）。此外，Lin（2010）也根据 Schaufeli 等人的研究开发了一个包含三个维度 6 个题项的工作敬业度短式量表，这些量表在实证中均被验证有较好的效度和信度。

三 工作投入的前因与结果变量

工作投入作为影响组织绩效的重要变量，学者们从工作特征、组织因素及个体因素等多方面进行了积极探索，得到了大量有益的研究成果。在工作特征方面，工作具有挑战性、角色的清晰性（Kataria, Garg & Rastogi, 2013）、工作资源的可得性（Schaufeli & Bakker, 2006；Hakanen, Bakker & Demerouti, 2005）、控制感（Jackson, Rothmann & Van de Vijver, 2006）、感知的组织支持、程序公平（Saks,

2006；Barbier, Hansez, Chmiel & Demerouti, 2012）、绩效反馈（Schaufeli & Bakker, 2006）等因素均对工作投入有预测作用。在组织因素方面，企业公民行为（Lin, 2010）、对员工和消费者履行社会责任（晁罡，程鹏和张水英，2012）、支持性的管理方式和领导风格（Tims, Bakker & Xanthopoulou, 2011）、变革型领导（何立和凌文辁，2012）等因素对员工的投入行为具有正向影响。个体因素方面，学者们已经验证了积极情绪（Ouweneel, Le Blanc, Schaufel & Van Wijhe, 2012）、乐观（Cotter & Fouad, 2012）、自我效能感（Xanthopoulou, Bakker, Demerouti & Schaufeli, 2009；Ouweneel, Schaufeli & Le Blanc, 2013；李永周，王月和阳静宁，2015）、主动性人格（Xanthopoulou 等，2009；董浩，2011）、抗逆性（李旭培，时雨，王桢和时勘，2010；林琳，时勘和萧爱铃，2006）、能力与成长型及地位与独立型工作价值观（任华亮，杨东涛，李群，2014）等因素正向影响员工的工作投入状态。此外，学者们还发现性别、年龄、职业等人口统计学变量（林琳等，2006）及身份认同（李锐和凌文辁，2007）等对员工工作投入也有一定影响。总的来说，学者们挖掘的各种因素，大体上都是基于资源观、自我观和契合观等三个理论基础，通过积极拓展员工拥有的各种资源，尽量降低员工工作要求感知，设法提高员工的心理意义感、安全感及充沛感，提升员工与组织的匹配度，最终达到提高员工工作投入的目的。

对工作投入的后效研究，学者们主要集中在研究工作投入对个人态度和行为、组织绩效及家庭的影响等几个方面。在个体态度和行为方面，高工作投入的员工，一方面他们对工作的满意度越高（Saks, 2006；Alarcon & Edwards, 2011；Shimazu, Schaufeili, Kubota & Kawakami, 2012），其组织承诺也越强（Saks, 2006；Hallberg & Schaufeli, 2006；Richardsen, Burke & Martinussen, 2006），其缺勤率和离职倾向也相对越低（Alarcon & Edwards, 2011；Schaufeli & Bakker, 2004；Schaufeli, 2006；Saks, 2006），因而个体的工作绩效也越高（Kahn, 1990；Shimazu 等, 2012；李永周，王月和阳静宁，2015）。另一方面，工作投入高的个体，其主动学习的精神也相对较高（Bakke, Demerout & ten Brummelhuis, 2012），表现出更多的组织公民行为（Schaufeli, 2006; Kataria, Garg & Rastogi, 2013），因而能正向预测个体创新行为（Salanova & Schaufeli, 2008；钱白云、苏倩倩和郑全全，2011；van den Berg et al., 2015; Gomes et al., 2015）。在组织绩效方面，拥有更多工作投入高的个体的组织，其顾客的满意度相对较高（Harter, Schmidt & Hayes, 2002），因而企业的利润率和整体绩效也相对较高（Harter 等，2002；叶莲花和凌文辁，2007）。在家庭影响方面，工作投入高的个体会通过积极情绪外溢和交错等影响夫妻对方及整个家庭的情绪（Culbertson, Mills & Fullagar, 2012；胡少楠和王咏，2014；林琳等，2006）。此外，学者们还验证了工作投入可以提高员工心理资本（de Waal & Peinaar, 2013），工作越投入的员工，其心理和健康水平更高，其患病的概率相反更低（Schaufeli & Bakker, 2004）。

四　工作投入研究评析

从国内外对工作投入的研究来看，学者们基于不同的理论基础，对工作投入的内涵、结构及测量、影响因素与结果变量开展了大量研究，取得了很多具有标志意义的研究成果及范式。然而，已有文献仍存在一些不足：一是到目前为止，工作投入研究还缺乏统一的理论前提和基础，其内涵与结构也没有取得一致；二是对工作投入的影响研究，更多的是停留在个体层面，事实上，影响工作投入的组织因素更多的应该是组织层面的变量，且是多个变量综合作用的结果，然而目前的研究在这个方面还稍显不足，因而本书拟从组织层面研究雇主品牌对员工工作投入的影响，以弥补理论上在这一块的不足，进一步丰富员工工作投入研究；三是现有对工作投入的研究很多都是基于工作压力和工作倦怠等负性状态开始，随着人们对工作幸福感的关注，能否从幸福感的视角对工作投入拓展一定的研究，这也是本书将着力解决的问题之一。

第六节 职业韧性研究综述

一 职业韧性的内涵

职业韧性是韧性这一概念在职业领域内的具体应用,该概念最早由 London(1983)在《职业动机理论》一文中提出的,在该论文中,London 认为职业韧性是职业脆性的对立面(career vulnerability),是个体在不乐观的环境中对职业破裂的反抗,是个体在面对诸如获取职业目标受阻、不确定性及不良的同事关系等不乐观的工作条件时所表现出的一种个人良好品质。职业韧性这一概念提出后,学者们从不同视角对职业韧性内涵、维度、影响因素等展开了研究,取得了许多有意义的成果。就职业韧性的内涵来说,可以把职业韧性的定义分为品质性定义、过程性定义及结果性定义三种类型。品质性定义的代表人物是 London、Noe、Youssef & Luthans 等人,他们认为职业韧性是个体面对工作压力及不乐观或恶劣的职业环境时跳回或弹回的能力。过程性定义的代表人物是 Caverley、Luthar、Noe 等人,强调职业韧性是个人面对职业逆境或者压力时所表现出的自信心或者排除逆境的行为。结果性定义代表人物是 Hively 等人,他们认为职业韧性是诸如经受高强度的工作压力但仅体现低水平的职业衰竭这样的一种结果状态(李霞,谢晋宇和张伶,2011)。随着不断攀升的职业压力及多变的职业环境,国内学者也开始关注职业韧性这一概念。许诺(2007)把职业韧性定位为"个体在日常工作中应对各种工作压力和逆境时作出自我调整和适应的方式"。靳丽华(2010)把职业韧性定义为"面对职业压力自我恢复的一种抗逆力"。曹科岩和刘兰平(2015)把教师职业韧性定位为"指教师在自身职业发展中面对各种职业压力或逆境时做出积极的调整和适应,且具有较强的从逆境中恢复并反弹至良好心理和工作状态的能力"。在本项研究中,我们遵循 Youssef & Luthans(2007)的定义思路,将职业韧性定义为一种可从逆境、冲突、失败甚至积极的事件、进步或增加的责任中跳回或弹回的能力。

二 职业韧性的维度与测量

对职业韧性的结构和测量上,大部分学者都是围绕London的品质论进行展开的。London在《职业动机理论》一文中把职业韧性划分为自我效能、风险承担及独立性三个维度,并于1985年编制了《职业动机量表》,用21个题项来测量职业韧性。后在1993年又开发了一个只包含5个题项的职业韧性简表(London & Noe, 1997)。Grzeda & Prince(1997)基于London等人的研究开发了一个包含冒险精神、韧性和自我效能3个维度、14个题项的量表,并经实践检验有较好的信度与效度。与此同时,南非约翰内斯堡大学的 Van Vuuren 教授与其学生也对职业韧性的结构和测量提出了自己的观点,他们建构了一个包括自我信念、接受变化、自我依赖、职业价值观4个维度、由45个项目构成的职业韧性问卷(Fourie & Van Vuuren, 1998)。另外,Liu(2003)、Obrist, Pfeiffer & Henley(2010)等学者也相继开发了相关的职业韧性量表。近年来,国内学者也对职业韧性的结构和测量进行了研究,香港岭南大学的 Siu(2009)根据中国情境开发了一个单维度的包括9个题项的量表,宋国学(2011)使用结构化访谈和德尔菲法,构建了一个包括3个维度、25个题项的职业韧性量表,曹科岩和刘兰平通过文献和访谈分析等方法,建构了一个包含职业愿景、持续学习、灵活应对和自我效能4个维度的职业韧性量表,这些成果都为本书的研究奠定了很好的理论基础。

三 职业韧性的前因与结果变量

影响员工职业韧性的因素有很多,总的来说可以分为人口统计学因素、个人特征及工作环境因素等三大类。人口统计学因素方面,研究者们发现年龄、性别与教育程度等因素与职业韧性相关。在个体的年龄上,学者们发现年龄较大者显示出更高的职业韧性(Brainerd, 1992;Carson & Bedeian, 1994;Fisher & Stafford, 2000;Fu, 2001)。在性别因素上,London曾推测女性可能会显示较低的职业韧性,但相关实证表明性别在职业韧性上没有显著差异(Lopes, 2006;London &

Noe, 1997; Noe, Noe & Bachhuber, 1990)。至于教育水平,学者们的研究结果也不一致。Liu(2003)和林瑞荣(2009)研究得出教育水平与职业韧性正相关,即学历越高的员工表现出较高的职业韧性,然而 Hively(2003)研究发现职业韧性在教育程度上无差异。在个体特征上,个人工作动机(Greller, 2006)、个体所持的职业信念(Liu, 2003)、个人人生哲学和宗教信仰(Pulley, 1995)、工作经验(London & Noe, 1997)等因素与个体的职业韧性相关,其中,个体所持的商业目的性动机、理性职业信念和较长的工作经验等与员工的职业韧性正相关。此外,内控性、乐观和积极的应对方式等也被证明与职业韧性正相关(Caverley, 2005)。在工作环境因素方面,激励性的工作特征(Noe, Noe & Bachhuber, 1990; Brainerd, 1992)、个体知觉到的授权及上司支持(London & Noe, 1997; Noe et al., 1990)等因素有利于提高个体的职业韧性水平,社会支持也被证明对职业韧性具有重要作用(Grant 等,2012),但是否拥有管理职位则对职业韧性没有影响(Noe 等,1990)。

对职业韧性的后效研究,学者们认为职业韧性是克服职业压力和职业障碍的关键因素(London & Noe, 1997),是提高个体绩效的重要特质(Youssef & Luthans, 2007),是提升员工幸福感的因素之一(Fugate & Kinicki, 2008)。高职业韧性的员工,往往表现出更低水平的职业倦怠及感受到较小的工作压力(Ferris, Sinclair & Kline, 2005; Welbourne, Gangadharan & Sariol, 2015; Williams & Cooper, 1998),有助于个体获得更高水平的组织资源,从而在工作中投入更多的时间和精力(Bickerton, Miner, Dowson & Griffin, 2014; McGonagle, Beatty & Joffe, 2014),帮助个体克服各种困难,最终完成各种任务需求(Adams, Cahill & Ackerlind, 2005; Finn & Rock, 1997)。高职业韧性的员工,在工作中越容易获得满足,对工作的满意度也越高,相应的对组织的承诺水平也越高,个体的离职倾向和职业转换意图也越低(Carless & Bernath, 2007; 尹奎和刘永仁,2013),最终促进个体绩效的改进(Ernst Kossek & Perrigino, 2016; Avey, Luthans, Smith & Palmer, 2010; Luthans, Norman, Avolio & Avey, 2008; Paterson,

Luthans & Jeung, 2014; Peterson, Luthans, Avolio, Walumbwa & Zhang, 2011; Roche, Haar & Luthans, 2014; Shin, Taylor & Seo, 2012; Parent & Levitt, 2009)。此外，职业韧性越高的个体，身心健康水平也越高，(Caverley, 2005)，对待组织变革的态度也越积极（Fugate & Kinicki, 2008)，在工作中的幸福感也越易提升。

四 职业韧性研究评析

从国内外对职业韧性的研究来看，学者们对职业韧性的形成、影响因素及后效等开展了许多积极的研究，推进了职业韧性的理论体系构建。然而，我们也要看到，由于职业韧性的概念诞生的时间不长，因而也还存在许多不足。第一，对职业韧性的形成机制，学者们对于它到底是一种特质还是某种特质与环境相互作用的结果并没有达成一致，特质论把职业韧性看作个体的一种特殊品质，对个体的态度和行为具有积极意义与结果，这个观点目前得到了大多数学者的认同，然而该种观点忽视了职业韧性的复杂性和动态性，因而给过程视角留下了极大的舞台。第二，对职业韧性的测量，学者们对其内部结构尚未达成共识，因而多数研究还基于工作动机理论及心理资本相关维度，缺乏一套系统的、框架性的测量工具与方法，再加上不同组织、不同人群的特点不一致，这给组织行为研究也带来了各种挑战。第三，在日常生活中，个体往往扮演多个不同的角色，在不同的角色行为间，韧性是否具有溢出效应，譬如职业韧性是否对日常生活也产生类似的影响，这些还需要学者们进一步探索。第四，在现有的研究中，职业韧性更多是被当成自变量和因变量加以研究，但作为一种特质，是否在更多的变量间具有调节作用，这个也是需要学者们去关注和验证的。本书将对此做一定的探讨。

第三章 探索性访谈研究

通过对已有与雇主品牌及员工创新行为相关研究的梳理和整合可知，雇主品牌对企业的创新绩效及个体产出行为有显著的影响，然其对员工创新行为是否有直接影响尚不明确，其中间过程是什么也并不清楚。当变量间关系还处于非结构化阶段时，我们可以通过定性研究的方法去进行探索性研究（Lee，2014），提出新的理论命题或识别新的管理现象（Miles & Huberman，1994）。定性研究的方法很多，理论界和实务界常使用访谈、参与与观察、文档归类与分析、视听数据分析等方法。在本部分研究中，我们借助访谈的方式，近距离与企业员工进行接触，对科技企业雇主品牌与员工创新行为之间的关系进行识别，同时深入挖掘二者间可能存在关键性的中介变量及调节变量，为我们后面进行定量研究开路搭桥。

第一节 访谈设计

访谈法是社会科学研究中一种被普遍采用的定性研究方法，它是建立在解释学、建构主义的基础之上，通过与研究对象进行口头交谈的方式来收集对方有关心理特征和行为数据资料的一种研究方法（董奇，2004）。访谈作为一种研究方法，它与日常谈话是有显著区别的，它是访问者和受访者共同建构一个事件关系的过程。因此，采用访谈法进行定性研究时，我们必须事先对访谈目的、访谈方式、访谈对象、访谈内容等进行很好的设计，才能保证我们的研究质量。

一　访谈目的

访谈区别于日常谈话最重要的特征之一就是目的性，研究者在访谈时不是随便的讲话，而是通过"主题主义"，巧妙地发现被访者的真实感受和想法，从而建构新的研究命题或者范式。本研究问题是科技企业雇主品牌与员工创新行为之间关系及中间作用机制的探讨，因此，访谈有两个目的：一是从科技企业员工的自身感受出发，了解他们对雇主品牌的感知情况，同时探索影响员工创新行为的各种因素，进而去探索雇主品牌和员工创新行为相关关系是否存在；二是通过对员工的访谈，了解员工在工作幸福感、工作投入及职业韧性等方面的情况，以期从现实情境中初步探索得到各变量之间的作用路径和关系结果，为理论模型构建打下初步的基础。

二　访谈方式

作为一种定性研究方法，研究者往往希望得到一个高品质的访谈结果，因而选择一种合适的访谈方式对研究者来说至关重要。目前来说，常见的访谈方式有结构性访谈、非结构性访谈及半结构性访谈三种。结构性访谈根据事先拟定好的提纲，通过访谈者主动询问、受访者逐一回答的方式，能够较为省时省力地了解研究者列出的问题。然结构性访谈因为方式较为固定，往往让受访者感到比较拘束，不能灵活地深入理解相关信息，往往适用于做描述性的、正式的、较大范围的社会调查（杨杜，2013）。而对于探索性研究，研究者大都希望采用一种既不是死板也不是散漫的方式对被访者进行较为深入的了解和观察，半结构性访谈是一种常见的访谈方式。在本项研究中，我们拟采用半结构性访谈的方式进行。同时，为提高访谈质量，我们从问题设计、提问方式等多方面进行了考量。首先，在本研究访谈问题设计时，我们尽量避免使用专业性术语，力求受访者能清楚理解我们所要了解的主题，譬如本研究的核心变量雇主品牌，我们并没有直接用这个专业术语，而是采用好雇主、好老板等词进行替换；其次，为增加访谈对象对访谈的兴趣，我们大都从一些比较轻松的问题入手，逐步过渡到一些核心问题，以期能够深入了解我们一些感兴趣的及尚未考虑到的潜在构念与变量，从而便于构建一个科学合理且尽可能完备的理论模型；最后，在访谈过程中，我们尽量避免一些敏感性的话题而引起受访者的反感，导致一些有价值的信息被忽略。

三 访谈对象

访谈作为言语事件，受访者的个性、文化、认知及配合程度等均影响访谈的质量，因而在选择访谈对象时应该尽量遵循重要性、决定性及典型性的原则（Markus，1989）。在本项研究中，我们所要了解的雇主品牌是一个很重要的人力资源管理概念，加上人力资源部门是员工创新绩效的评价者和驱动者，因而在访谈时我们把人力资源部门的工作人员作为我们的重要访谈对象。另外，员工作为创新的主体及企业各项政策的感知者，从中选取部分有代表性的员工是访谈的根本所在。在本项研究中，为提高访谈的质量，在员工访谈时我们尽量选取在企业呆的时间较长、对企业的情况相对了解的员工作为访谈对象。

四 访谈内容

本研究的访谈内容由以下几个问题构成，访谈时根据具体情况进行适当的展开和删减。

1. 您在现在的企业工作多久了？您知道您现在工作的企业性质吗，是国企、民企还是外企？
2. 您以前在其他企业呆过吗？您觉得您目前工作的企业最吸引您的地方有哪些？
3. 您觉得一个什么样的企业才能称得上一个好雇主或好老板？
4. 您了解你们企业的创新情况吗？您觉得你们企业创新成果较多的原因是什么？
5. 您觉得企业员工的创新行为包括哪些？影响员工创新行为的因素有哪些？
6. 您觉得一个好雇主能否对您个人的创新行为有影响？能谈谈

是怎么样的影响吗?

7. 您觉得您周边的同事勇于创新吗？您觉得那些勇于创新的同事有什么共同的特点？

8. 您目前工作幸福吗？您觉得影响工作幸福感的因素有哪些？您觉得工作幸福感是否对您的个人创新行为有影响？

9. 您觉得工作投入是否对个人创新行为有影响？您觉得工作投入与工作幸福感有关系吗？

第二节 访谈资料分析

基于上一节的访谈设计思路，综合考虑自身各种因素，最终在三家企业选取了3名人力资源经理及9名在企业已经呆了5年以上的普通员工进行了访谈。访谈前后持续差不多一个半月，平均每人访谈时长近一个小时。访谈紧密围绕访谈内容进行提问，并对每一次的交流都做了书面记载，最终进行详细归纳整理分析。

一 雇主品牌维度的分析

从访谈结果看，受访的经理及员工对一个好雇主的理解是基本一致的，他们都认为一个好的雇主应该从薪酬福利、工作安排、个人发展、企业文化、企业实力等方面去提高员工的满足感。薪酬福利方面，受访对象都认为给员工提供较好的薪酬福利待遇、有能对员工起到激励作用的相对公平的报酬机制是一个好雇主的基础；在工作安排上，10名受访对象认为好雇主应该给员工提供相对安全的、较好的工作条件和较清晰的工作任务，6名受访对象认为好雇主应该根据员工的工作能力安排合适的工作任务，5名受访对象认为好雇主应该能够兼顾家庭生活平衡；在个人发展上，受访对象都认为好雇主应该在企业发展的同时兼顾个人能力的发展，尽量给员工提供各种培训机会，不断改善员工的知识结构，提升员工的专业知识技能及各种可迁移技能；在企业文化方面，有10名受访对象认为好雇主应该营造尊重员工、尊重知识、上下级间权力距离低、人与人之间关系良好的企业文化；在企业实力方面，有 6 名受访对象认为一个好雇主应该有较强的创新能力，应该有一定的影响力。此外，有 2 名受访对象认为好雇主应该有良好的社会声誉，应该主动去承担一定的社会责任，关心公益、关爱环境，实现企业的社会价值。

二 员工创新行为及影响因素分析

对员工创新行为的理解，人力资源经理与普通员工的理解相对有一定的差异。对普通员工来说，他们大部分认为员工创新行为主要是指研发成功一项新技术、获得一项新的专利发明及使用新的方法解决一个技术难题等技术创新方面的行为，而受访的 3 名人力资源经理，他们对创新的理解相对较为深入，他们认为除了常规的技术创新方面的行为外，还包括改善单位、部门的工作流程或服务等管理方面的创新，譬如引进一种新的管理理念、推广一种新的服务顾客模式，等等。

在对员工个体创新行为影响因素的认识上，普通员工重点关注的是员工个人因素和组织环境因素，其中个人因素包括员工的知识储备、能力、学历、好奇心、努力程度、知识结构等，组织环境因素包括组织能否提供较高的薪酬福利、有较为稳定的工作保障、尊重员工、组织创新氛围浓、组织支持创新的力度大、创新奖励较高、好的企业文化，等等。而人力资源经理除了员工提到的这些因素外，他们还认为组织内部的人际关系是否和谐、员工之间是否进行经验交流和知识共享及工作本身的挑战性、自主性等也是影响员工创新的重要因素。

三 雇主品牌与员工创新行为关系分析

关于雇主品牌与员工创新行为的关系，在 12 名受访者中，除 1 名普通员工回答较为模糊外，其余 11 名受访对象认为好雇主会对员工的创新行为有影响。其原因如下：首先，有 8 名员工认为好雇主对创新的员工会有更高的物质及精神方面的激励，也就是说能给员工较高的预期，因而员工愿意创新；其次，有 5 名员工说企业对员工有创新预期，个体只有主动创新才有发展前途，组织的创新期待和氛围促使个体积极参与各种创新；再次，有4名员工认为好雇主有较好的文化氛围，企业尊重员工，愿意听取员工的建议和意见，因而个体愿意创新；最后，3名人力资源经理认为一个好雇主除了在物质方面给员工较好的期待外，企业的各项政策都鼓励和支持员工创新，对员工不时进行培训，希望能改变他们的知识结构，对员工的工作安排及各种轮换行为也力求能提高员工的生产率，因而好雇主应该是有利于员工创新行为的。

四 雇主品牌与员工工作幸福感关系分析

关于员工的工作幸福感，在受访的12名对象中，有9名是感觉比较幸福的，有3名对象感觉还行。9名感觉幸福的员工主要体现在以下几个方面：第一，有8名员工认为企业提供了较好的工作设施和工作环境，安全有保障，劳动强度也相对适中，企业给的报酬也相对较高，因而感觉比较幸福；第二，有6名员工认为企业文化好，人与人之间关系比较和谐，同事之间能互相帮助，上司对下属的支持程度高，因而感到比较幸福；第三，有5名员工觉得企业的人力资源管理相关制度较好，鼓励多劳多得，经济回报能体现其经济价值，薪酬体系比较公平，因而工作感到比较幸福；第四，有3名员工认为企业安排的工作比较合理，个体的自主空间较大，个体有较大的自主权，因而感觉比较幸福。此外，3名感觉还行的员工，主要是认为企业的薪酬、文化等都还不错，就是感觉竞争较大，不努力学习就会被淘汰，因而在工作中感受到较大的压力而降低了他们的幸福感。

五 工作幸福感与员工创新行为关系分析

关于工作幸福感与员工创新行为的关系，12名受访对象均认为工作幸福感应该正向影响员工的创新行为，至于原因，我们将受访对象的回答归纳总结如下：第一，有11名员工都认为创新需要灵感，需要一种轻松愉快的氛围，一个人如果整天处于压抑、消极、牢骚满腹、怨天尤人的状态中，这样的个体是很难产生创新行为的；

第二，有7名员工认为创新的人应该是对工作较为满意的，是一个享受工作、体验快乐的人，因为创新本身是对工作的一种变革，必须对现有的工作流程、工艺等十分娴熟才能有所创新，假如个体不关注工作，不热爱工作，那么创新不可能凭空产生；第三，有5名员工认为工作幸福感高的人，他们与环境融洽度更高，他们能从组织环境中体会到更多的正向能量，感觉人与人之间不需要那么多提防心理，因而更容易产生创新灵感；第四，有4名员工认为工作幸福感高的人，对工作的满意度越高，因而他们在工作中越能取得成功，工作越成功，个体的创新意愿就越强。此外，还有1名员工认为工作幸福感高的人，其个体进取心相对较强，思维更发散，因而更容易产生创新行为。

六 工作幸福感与工作投入关系分析

关于工作幸福感与工作投入的关系，受访对象对二者的关系总体来说是回答一致的，他们大都认为工作幸福感会影响员工的工作投入。其原因可总结为：从工作中体会到幸福的个体，他们对目前的工作总体认同度较高，相对是比较满意的，觉得他们从目前的工作中获得了他们想要得到的物质及精神方面的利益，因而在工作中情不自禁地表现出专注的行为。另外，为保持目前的工作状态，个体也愿意在工作中投入更多的精力和时间，表现出较多的工作投入。此外，也有3名员工认为工作幸福感与工作投入的关系应该是相互的，他们认为幸福感越高，个体在工作中的角色投入越高，与此同时，当个体在工作中投入越多，个体在工作中越容易成功，因而工作幸福感也越高，两者是相互促进的。

七 工作投入与员工创新行为关系分析

关于工作投入与员工创新行为的关系，12名受访对象均认为工作投入应该正向影响员工的创新行为。受访对象阐述的原因，本书归纳为以下三点：首先，受访对象认为工作投入高的员工，他们花在工作上的时间和精力越多，因而对工作的了解更加透彻，也更容易产生创新行为；其次，受访对象大都认为创新是个体主动探索的过程，是对现有技术、规律、路程等的颠覆性革命，而这个革命是基于个体对现有技术、规律、流程等的深层次了解和分析，找出不足，进而提出自己的改进方法和建议，这个过程需要个体持续的投入和付出；最后，受访对象大都认为创新过程是一件复杂的事情，会遇到很多意想不到的问题和困难，会遭遇来自组织内外的各种不同阻力，这不仅需要员工具备基本的知识素养及技能，而且需要员工投入大量的时间和精力去不断试错、不停地做各种说服解释工作，因而也只有愿意投入的员工才可能有创新。

第三节 访谈小结

通过对科技企业部分员工的深度访谈，本书初步厘清了各研究变量之间的关系，为下一步理论框架的构建及假设的提出奠定了基础。访谈结果表明，雇主品牌作为企业提供给员工的各种经济性、功能性和心理性的利益组合，员工对其期待越来越高，好的雇主不仅仅应该提供给员工较好的薪酬福利待遇及工作条件，还应该在个人发展、企业文化建设等方面给员工更多的满足感。当企业的各种人力资源活动形成了品牌而被员工感知时，个体往往会以更多的创新行为来回报组织，实现个人与组织的双赢。另一方面，好的雇主会让员工在工作中感受到更多的快乐，有助于提高雇员的主观工作幸福感，进而促使员工产生更多的积极情绪，因而其思维更加发散和开放，促进创新行为的产生。与此同时，工作幸福感高的员工，其在工作中表现得更为专注，更愿意在工作中投入时间和精力，这些都有利于创新行为的产生。此外，创新是一个不断试错和完善的过程，个体的韧性会影响员工的创新过程。

综合来说，探索性访谈初步得出以下结果：（一）雇主品牌及各维度对员工创新行为有正向影响；（二）雇主品牌能正向影响员工的工作幸福感；（三）工作幸福感能正向影响员工的创新行为；（四）工作幸福感可能在雇主品牌与员工创新行为间充当中介变量；

(五)雇主品牌能正向影响员工的工作投入;(六)雇主品牌可能通过工作幸福感及工作投入的链式中介正向影响员工创新行为;(七)职业韧性对员工创新行为有影响。在接下来的第四章中,将通过严密的逻辑推导来建构本研究的模型及基本假设。

第四章 模型构建与假设

通过对部分员工的探索性访谈可知,雇主品牌对员工的工作幸福感、工作投入及创新行为有直接影响,这为本项研究奠定了很好的基础。在本章中,我们将采用严格的演绎推理方式,对变量间的关系进行推导,进而形成本研究的理论模型和各项假设。

第一节 研究模型的构建

员工创新作为组织最活跃、最积极的因素,是保证组织高绩效及可持续发展的重要因素之一。因而,对如何激发员工创新行为,理论界和实践界都表现出了高度的热情,学者们从个体特质因素、工作特征因素及组织环境因素等多方面诠释了员工创新行为的影响因素及机制。近年来,随着战略人力资源管理理论的兴起,很多学者通过各种方式论证了人力资源管理实践与员工创新行为的正相关关系。West & Anderson(1996)实证检验了任务导向及清晰的工作目标等人力资源管理活动及制度与员工的创新行为有正相关;Laursen & Foss(2004)通过对1900个公司的调查数据,验证了工作轮换、跨学科工作团队、授权、公司内外部培训等人力资源管理实践活动对员工创新行为的正向影响;Chen & Huang(2009)基于社会支持理论,验证了人力资源管理实践与员工创新行为的正相关关系;宋典,袁勇志和张伟炜(2011)基于行为观和资源观,论证了战略人力资源管理对员工创新行为的跨层直接作用;Jiang, Wang & Zhao(2012)基于102家中国公司的数据,验证了培训、绩效评价、薪酬管理、工作设计、团队工作等人力资源管理实践活动能直接影响员工的创新行为；何洁（2013）从个体的自主、能力及关系的需要入手，探究了高绩效系统会促进信任、心理授权及学习，进而影响员工的创新行为；王永悦和段锦云（2014）通过对402名员工的调查研究数据，验证了人力资源管理实践与创新行为的正相关关系；张瑞娟，孙健敏和王震（2014）使用跨层次分析技术，发现承诺型人力资源管理实践对员工创新行为有显著的正向影响。

然而Meyer & Smith（2000）指出，人力资源管理实践并不会直接对员工行为产生影响，而可能是通过员工对组织人力资源管理实践的认知和评价来实现。Collins & Smith（2006）的研究也证实了类似的结论，他们认为人力资源管理实践的结果是营造了能被员工感知的信任、合作、分享等有利于创新的组织氛围后，进而去影响组织绩效的。从这几位学者的研究我们可以看出，人力资源管理实践只有能被员工感知，形成了一个好的雇主品牌，才能切实影响员工的各种行为。事实上，雇主品牌作为人力资源管理服务产品的品牌，赵樱璐（2012）通过实证的方式验证了雇主品牌是人力资源管理实践的结果变量之一。因此，笔者认为，只有当人力资源管理实践形成了能被员工感知和评价的品牌的时候，才能真正激发员工的积极性和主动性，产生有利于组织的创新行为。事实上，一个好的雇主品牌都蕴含雇主的价值定位，譬如像百度公司"招最好的人，给最大的空间，看最后的结果，让优秀人才脱颖而出"、阿里巴巴"共享共担，平凡人做非凡事；迎接变化，勇于创新"、腾讯公司"关心员工成长"、乐视"打造持续创新的雇主名片"、飞亚达"好雇主就是让员工快乐工作，快乐学习，快乐生活，在个人成长与发展的同时，与团队分享知识与情感"等，都体现了关爱员工、尊重人才、尊重知识等人力资源管理理念，同时也包含了企业对与员工持续创新的期望。

根据行为理论的思想，组织的人力资源管理系统暗含了组织所期望的员工角色信息。当员工能感知到组织人力资源管理实践蕴含的角色信息时，员工会调整自己的行为和方式，朝有利于组织发展和延续的方向发展。就以创新行为来说，传统往往把创新行为理解为一种角色外行为，归属于组织公民行为的范畴，但从今天知识时代组织所面临的外部生存压力的角度审视来看，创新已经成为组织对员工的角色期望。结合本研究的取样对象来看，科技企业作为国家经济转型升级发展的重要力量，组织本身有创新的要求，对组织员工更有创新的期望，其人力资源管理实践也是围绕这一定位展开的。因此，作为企业人力资源管理服务产品的品牌——雇主品牌，理论上会对员工的创新行为产生直接影响。另外，从品牌理论我们可知，雇主品牌作为一种人力资源管理品牌，其薪酬福利、工作安排、职业发展、企业文化等对员工具有吸引力。根据 Blau（1994）提出的社会交换理论，当行动者发现对方拥有并愿意提供自己所需的各种资源时，员工会通过努力的工作和劳动去获得自己所期望达到的目标，因而迸发出更大的创新热情。因此，品牌理论与社会交换也能从一定程度上支持雇主品牌对员工创新行为的积极影响。

心理学研究表明，个体行为不仅受到外部社会及组织等因素的推动，而且与个体心理过程积极相关。就创新行为而言，外部压力或者诱导因素能影响员工的创新行为，然若不发挥员工的主观能动性，外部因素对员工创新行为的效果会大打折扣。因此，从员工内部心理过程出发，探索雇主品牌影响员工的中间过程势在必行。近年来，随着人们对幸福生活的不断追逐，积极心理学中的重要变量——工作幸福感，引起了学者们的关注。Wright & Cropanzano（2004）研究发现，工作幸福感与员工绩效显著相关。Amabile et al（2005）；Hannel et al（2007）研究表明，员工工作幸福感对员工创新行为具有积极影响。因此，工作幸福感有可能是影响员工创新行为的一个重要中介变量。根据 Ryan & Deci（2000）提出的幸福感自我决定模型可知，自主、能力及关系三种基本心理需求能否得到满足是个体产生幸福感的关键。一个好的雇主在工作上会给员工更大的自主权，就像百度在人力资源管理上给员工最大的空间，让员工自由的成长，举行一年一度的创意嘉年华活动，只要你的创意真正的好，在一两天内就可以变为现实，这些都能让员工感到心理上的满足；阿里巴巴的关心员工成长计划，高新科技集团股份有限公司的企业与员工共成长，重点培养身边思维开放、具有创造力的人才等都体现好雇主对员工能力需求的满足；乐视集团的"建立团队的技术文化"，联想的"信任、尊重"等人力资源管理措施和手段，让员工之间产生了和谐的关系氛围，从心理上满足员工的关系需求。因此，雇主品牌能从自主、能力及关系上去满足员工的心理需求，进而影响着员工的整体工作幸福感，而工作幸福感又影响员工的创新行为，工作幸福感在雇主品牌与员工创新行为之间具有中介作用。王晓莉（2015）认为，工作幸福指数越高的员工，其对工作领域的积极心理体验就越多，因而个体就拥有更多的积极情绪与状态。工作投入作为与工作相关的一种积极的情绪与认知状态，从逻辑上可推断它受工作幸福感的影响，也就是说，工作幸福感越强，员工的积极情绪体验越深，在工作中能体现出更多的活力，对工作就会更加专注，工作中更乐于奉献，表现出更多的工作投入。彭正龙等（2015）、张瑞娟等（2014）的研究表明，拥有这种情绪与认知状态的个体，在实践中会表现出更多的创新行为。从这个逻辑我们可以看出，工作幸福感和工作投入在雇主品牌与员工创新行为间有链式中介效应。此外，创新的过程充满了风险和不确定性，职业韧性高的个体抗挫折的能力相对较强，他们更愿意从积极角度对创新过程中遇到的困难进行积极归因，因而有利于创新行为的坚持和成功。

根据以上的分析，本研究探索性地构建起了科技企业雇主品牌、工作幸福感、工作投入、职业韧性以及员工创新行为的作用机理模型（见图4.1）。此模型主要反映了以下内容及关系：（1）雇主品牌作为一个组织层面的变量，在不同组织间应该是有差异的，对个体行为的影响应该是跨层的。（2）雇主品牌是影响员工创新行为的重要组织变量，它是企业人力资源管理活动的结果，是雇员对企业人力资源管理活动的评价与感知。每一个雇主品牌都蕴含着雇主的价值定位，当这个价值定位能被员工感知和评价时，能直接影响员工的创新行为。（3）工作幸福感是雇员对工作是否满意和幸福的一种主观感知与评价，当员工的自主、能力及关系等基本心理性需要得到满足时，个体的工作幸福感越高。雇主品牌能直接影响员工的工作幸福感。（4）工作幸福感强的人，一方面会在觉得生活更加安全，促进个体更多的发散性思考问题，因而直接影响员工的创新行为；另一方面，工作幸福感强的人，工作中拥有的积极情绪体验越多，因而更愿意在工作中投入更多的时间和情感精力，而这正是促进创新产生的一个重要积极因素。(5) 职业韧性高的个体，其在工作中体验到的负性情绪越少，其对生活质量的评价会相对较高。因而在相同的工作幸福水平下，职业韧性高的人会表现出更多的创新行为，工作幸福感能有效调节工作幸福感与员工创新行为的关系。

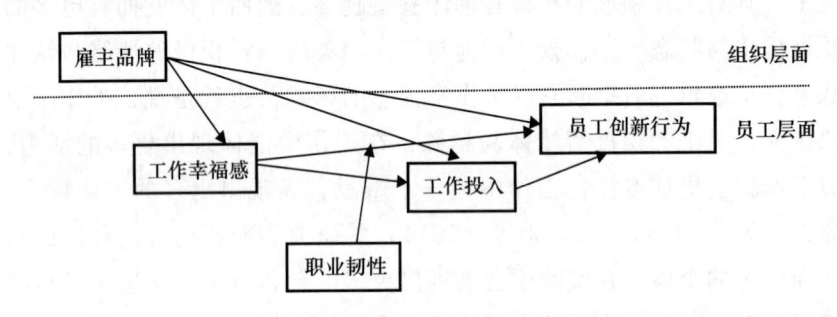

图 4.1 研究变量间的作用机理模型

在本项研究中，为了更清楚、直观地研究各变量间的关系，我们在后续的研究中将图 4.1 所示的作用机理模型分解为如图 4.2—4.4 所示的三个模型进行研究：一是验证雇主品牌对员工创新行为影响的直接效应；二是验证工作幸福感的中介、职业韧性的调节作用是否成立；三是验证工作幸福感、工作投入的链式中介是否成立。

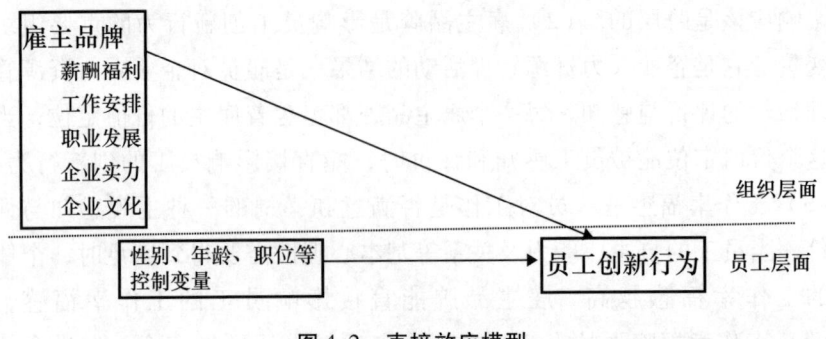

图 4.2 直接效应模型

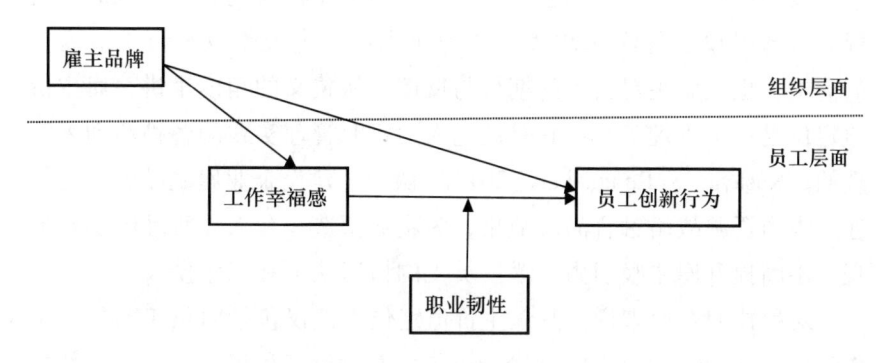

图4.3 有调节的中介效应模型

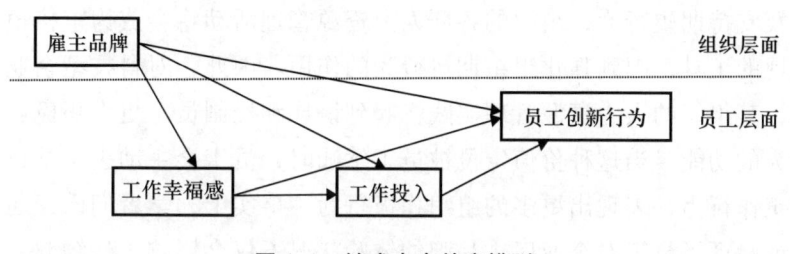

图4.4 链式中介效应模型

第二节 雇主品牌与员工创新行为关系假设

一 雇主品牌与员工创新行为的关系

作为一种人力资源服务产品品牌，它本身具有识别、竞争及增值等品牌基本功能。好的雇主品牌意味着较好的薪酬福利、发展机会、企业文化、工作安排等，因而能减少员工选择工作的成本，能起到吸引、保留优秀雇员的目的。按照社会交换理论，选择成本降低是要求员工付出相应的代价的。换句话说，雇主品牌不仅仅包含企业向员工传递的价值承诺和价值主张，而且蕴含着雇主对员工的期望。好的发展机会、较为丰厚的薪酬待遇等需要员工以更高昂的工作热情、更大的工作投入及更多的创新来进行维持的。事实上，这种期待正是由雇主品牌中蕴含的价值定位所决定的。全球知名薪酬顾问劳拉·赛真将雇主价值定位理解为一种雇佣协议，即雇主承诺帮助员工满足他们自身发展的需求，而作为回报，员工日常的工作将帮助企业实现战略目标。朱勇国和丁雪峰（2015）认为雇主价值定位不仅是员工对雇主的诉求，也是雇主对员工的期待与反馈。从狭义的角度来讲，雇主价值定位是一个管理工具，它是通过人力资源管理实践的各种活动来实现的。Kashyap & Rangnekar（2014）认为，建设企业雇主品牌，就是通过人力资源战略融合品牌战略，为企业塑造一套人才管理的整合流程，不断提升雇主吸引力，激发员工的情感认可和工作投入。

对科技型企业来说，其雇主价值定位不仅仅包括对员工薪酬、工作环境、培训与学习等的承诺，还包含着对员工积极、主动及创新性开展工作的期待。按照行为理论，雇主价值定位向员工传递了角色信息及支持期望行为，组织的各项人力资源管理活动将会成为审核角色表现的工具，起到强化组织期待行为的作用。因此，对科技型企业来说，其组织的人力资源管理实践将起到诱导和控制员工更多积极创新行为的功能，当这种价值定位被员工感知时，员工会主动去调整自己的工作行为，表现出更多的组织积极行为。事实上，学者们已经通过实证验证了员工对企业雇主品牌的体验状况不仅会影响工作绩效、组织承诺、工作满意度等工作产出行为（Edwards，2010；Priyadarshi，2011；Robertson & Khatibi，2013；张宏，2014），而且能够影响员工的组织公民行为（Gözükara & Hatipoğlu，2016）。在工作绩效和组织公民行为中，通常包含了创新绩效和创新行为等因素，这也给我们提出雇主品牌影响员工创新行为提供了依据之一；另一方面，Martin，Gollan & Grigg（2011）研究得出了雇主品牌对组织创新的影响，然而组织创新是由员工创新行为激发，这为我们假设的提出提供了另外一个依据。基于此，本研究提出：

假设1：雇主品牌与员工创新行为正相关。

二 雇主品牌各维度与员工创新行为的关系

（一）薪酬福利与员工创新行为

薪酬福利是满足员工基本需求的首要因素，当一个组织的薪酬系统能与绩效挂钩，能够给予员工付出应得的报酬时，此时薪酬福利会成为调动员工积极性的激励手段，会对员工行为及动机施加直接影响（吴治国，2007）。对科技企业员工来说，首先，创新成果意味着较高的绩效报酬和特别奖励，按照社会交换理论，当个体可以得到并且一般也确实得到了回报时，人们更愿意自愿行动，因而员工会去主动寻找创新机会，表现出更多的创新行为。其次，创新成果得到了应得的报酬和奖励后，按照强化理论，薪酬福利能够强化员工持续的创新动机，产生更多的个体创新行为。最后，较好的薪酬福利，能带给员工较多的心理安全感，心理安全感已经被证明是影响员工创新行为的重要因素之一。基于此，本研究提出：

假设1a：雇主品牌薪酬福利维度与员工创新行为正相关。

（二）工作安排与员工创新行为

企业根据员工的实际能力为员工安排合适的工作内容，企业为员工提供必要的工作设备，保证员工在工作中的健康与安全等，这些都是企业提供给员工的资源型因素。Woodman（1993）指出组织中的技术、资源、报酬等对员工创造性的发挥有影响。企业给员工提供稳定的工作，当员工的家庭与工作发展冲突时能给予体谅和照顾，这些都能让员工在心理上得到满足感。Thad（2000）认为员工在工作中体会到挑战性及心理上的满足感等因素能显著影响员工的创新行为。基于此，我们提出：

假设1b：雇主品牌工作安排维度与员工创新行为正相关。

（三）个人发展与员工创新行为

当个体的知识、技能与经验等存量较高，且结构合理时，容易触发员工的创新行为（吴治国，2007；赵鑫，2011）。首先，好的雇主在企业内部实行岗位轮换、持续的培训学习及提供国外的工作与学习机会等，这些都有利于员工完善自身知识结构，拓展思维视野，提高人力资本的存量，进而促进员工创新想法的产生。其次，组织对员工持续教育和培训等行为，能够在组织内部形成一种永远不停止的学习和实践气氛，这也有利于员工创新行为的产生。最后，好的雇主能提供给员工较为宽敞的上升空间，能满足员工受人尊重及自我实现等需求，让员工从心理上和情感上得到更多的满足感，满足感已经被验证是影响员工创新行为的一个重要因素（Thad，2000）。基于此，本研究提出：

假设1c：雇主品牌的个人发展维度与员工创新行为正相关。

（四）企业实力与员工创新行为

组织的知名度较大、影响力较强，意味着组织的经济实力和社会实力均较强，能够更多的承担创新带来的各种失败风险，这不仅能给员工带来更多的心理性好处，而且在实践中也会给员工带来更多的具体资源，资源已经被学者验证是影响员工创新行为的重要因素（Woodman，1993）。另外，实力较强的企业其创新能力也较强，容易在组织内部形成支持创新、鼓励创新的内部压力。按照计划行为理论，当个体感受到这种社会压力较强时，也促使员工创新想法的产生。基于此，我们提出：

假设1d：雇主品牌的企业实力维度与员工创新行为正相关。

（五）企业文化与员工创新行为

在充满友善文化氛围的组织中，管理层与员工之间有良好的上下级关系，管理层乐于与员工进行沟通交流，工作中能给员工较大的自主权，能充分肯定员工的成绩。首先，当员工感受到企业内部人与人之间关系和谐，沟通成本较低时，员工与员工之间的交流讨论机会会明显增多，会形成更多的知识分享和合作行为，而知识分享与合作更容易激发员工的创新意愿和行为（Collins & Smith，2006）。其次，当个体认知到他们在工作中自主程度较高时，个体往往能做出更具有创造性的工作（Amabile & Gitomer，1984）。第三，当员工接受管理层的充分肯定时，能有效巩固员工的内在激励状态，这对创新行为的出现是最有利的（Deci & Ryan，1985）。

基于此，本研究提出：

假设1e：雇主品牌的企业文化维度与员工创新行为正相关。

第三节 雇主品牌、工作幸福感、职业韧性与员工创新行为关系假设

一 雇主品牌与工作幸福感关系

工作幸福感是幸福感在工作领域中的反映,是个体对工作的积极情感和认知评价(Wright & Cropanzano, 2004; 王佳艺和胡安安, 2006; Bretones & Gonzalez, 2011)。工作幸福感高的人,其缺勤率和离职率相对较低(Donovan, 1999; Warren 等, 2003),其工作绩效相比幸福感低的人来说会更好(Wright, Cropanzano, Denney & Moline, 2002; Wright & Cropanzano, 2004)。正因为如此,员工工作幸福感及其提升逐渐成为管理学和组织行为学领域探讨的重要话题之一(Luthans & Youssef, 2004)。影响员工工作幸福感的因素很多,大体可以分为个体因素、工作本身及组织因素等三大类。在个体因素中,个体的人格特质(Headey & Wearing, 1992; Rusting & Larsen, 1997)、动机目标(Brunstein, 1998; Ryan & Deci, 2000)等会影响人的工作幸福感,研究者发展,拥有对外界充满好奇、行事乐观、富有求知热情等品质的人在工作中会更容易体会到工作幸福感,与此同时,当组织的工作及实践等能更多地满足个体的自主、能力、关系等内在需求时,员工的工作幸福感体验会越深。在工作方面,工作安全感(Noe, 1993; Iversen & Sabroe, 1998; Grunberg & Greenberg, 2001)、工作压力(Deborah 等, 1993; Daniels & Guppy, 1994; Fairbrother & Warn, 2003; Luttmer, 2005)、工作自主性(Pierce, 2001)等都被验证是影响员工幸福感的重要因素。在组织因素中,组织的薪酬福利(Easterlin, 1995; 黄培伦和徐新辉, 2007)、组织支持(Herrbach & Mignonac, 2004; 苗元江, 2009)、组织人际关系(Deci & Ryan, 1991)、工作环境和企业外在形象(俞文钊, 2004)等都是影响员工工作幸福感的重要因素。

首先,好的雇主拥有较好的工作环境和企业外在形象,能提供给员工较好的薪酬福利,这些均会给员工带来很大的自豪感,提升员工

的自尊心，对员工的心理产生积极影响，激发员工幸福感的产生；其次，好的雇主拥有好的企业文化，员工之间相对是平等的，个体能得到充分尊重，人与人之间关系相对和谐，员工的自主性能够得到有效发挥，工作压力相对不会太大，这些均有利于员工幸福感的提升（Hoeven & Zoonen，2015）；最后，好的雇主重视员工的成长和发展，提供员工更多的培训和进修等机会，不断改变员工的知识结构和水平，不断提升员工取得职业成就和获取事业成功的能力。根据马斯洛的需求层次理论，当员工的成就感被满足得越多时，员工的幸福感就会保持在较高的水平。

基于此，本研究提出：

假设2：雇主品牌与员工工作幸福感正相关。

二 工作幸福感与员工创新行为的关系

从上文可知，工作幸福感是幸福感的重要组成部分，它是人们对工作的一种主观认知和评价。第一，工作幸福感越高的员工，其拥有更多的积极情绪，而积极情绪能开阔员工的视野，增强其思维的灵活性，拓展个体的认知范围，促使其在工作中迸发出更多的新颖想法并加以实施（Feist，1999；Frederickson，2003；黄亮，2013）。第二，工作幸福感高的员工，其拥有更多的积极情感，而积极情感可以促使个体突破固有思维的方式及模式，从而产生更多创造性的思想与行为（Fredrickson，1998；王晓莉，2015）。第三，工作幸福感越高的员工，其对工作的满意度越强，因而他们对个体所处的环境能有更多的正面解释，认为自己所处的工作环境是宜人的、自由的、和谐的。当个体感知其工作环境轻松和谐时，个体将倾向于采用启发式的、综合的自上而下策略的思维模式，从而其思维和行动将更开阔、发散和具有创新性（Kaufmann，2003；Gasper，2004）。第四，工作幸福感越高的员工，其对生活的态度更加积极，对生命真谛的追求更加主动，从而促进员工对工作意义和价值的认识进一步深化（Wright & Cropanzano，2004；），从内心深处激发员工的创新热情和意愿，进而产生更多的创新行为（Amabile，1988；Oldham & Cummings，1996；

Einsenberger & Shanock, 2003)。

从上面的分析可知,工作幸福感越高的人,其创新绩效理应更强。事实上,工作幸福感促进员工创新绩效改善的结论已经得到了学者们的支持(Staw, Sutton & Pelled, 1994; Madjar等, 2002; Wright & Walton, 2003; Amabile等, 2005; 王晓莉, 2015)。

基于此,本研究提出:

假设3:工作幸福感与员工创新行为正相关。

三 工作幸福感在雇主品牌与员工创新行为关系中的中介作用

创新意味着对组织现有的产品、服务、制度、工作流程等的变革,其载体是组织要素,因而组织因素会影响员工创新行为(杨晶照,2012)。然而创新又离不开个体主观能动性的发挥,组织因素与个体因素的互动能更好地解释复杂社会情境中的个体行为(Woodman等,1993;杨晶照,2012)。工作幸福感是员工对目前工作及工作状态整体质量的感知和评价,属于个体层面的因素,相关研究已经证明工作幸福感能直接影响员工的创新行为(Wright & Walton, 2003; Amabile等, 2005; 王晓莉, 2015)。那么,工作幸福感能否为雇主品牌与员工创新行为之间的关系构建桥梁?

目前来说,关于雇主品牌对员工创新行为及工作幸福感影响研究的文章还不多。对雇主品牌与员工创新行为的关系,前面的研究中我们利用了行为理论和雇主品牌价值理论对二者之间的关系进行了阐释,在这部分假设中,我们结合角色认同理论来补充说明二者的关系。按照心理学的解释,个体对自身角色的看法以及个体的发展定位,在很大程度上决定了个体的行为。当个体认同自己承担有组织创新的角色任务时,个体参与组织创新的积极性越强。角色认同对行为的刺激与环境相关,当个体的这种角色认同能得到组织的支持和保护时,个体的创新能力越强。想反,当个体的这种认同得不到应有的支持和保护,个体感到行为无意义,个体就会相应的避免参与创新。在科技企业中,创新是组织永不衰竭的动力,组织对每一位员工都富有创新的期待,每一位员工都是组织创新的源泉,组织的系列人力资源管理实践也会去强化员工创新的意义感，从而从组织层面去强化员工的创新角色认同，起到推动员工创新的作用。与此同时，雇主品牌对员工工作幸福感的影响主要体现在外在表象和内在满足上。外在表象上，雇主品牌能提供员工较好的薪酬福利和身份形象，使员工在跟自己过去的雇佣经历或者别人的雇主经历比较时更有成就感和满意感，从而提升自身的幸福感。在内在满足上，雇主品牌能满足员工的各种自主、关系及能力等多方面的需要，促使个体内在目标的达成，根据自我决定论，员工会体会到更高的工作幸福感。而较高的工作幸福感已经证明对员工创新行为有正向影响。综上所述，本研究认为，工作幸福感能在雇主品牌与员工创新行为间起到桥梁作用。

基于此，本研究提出：

假设4：工作幸福感在雇主品牌与员工创新行为的关系中起中介作用。

四 职业韧性在工作幸福感与员工创新行为关系中的调节作用

创新意味着对固有思维模式和运行秩序的改变，它往往会遭遇来自自身思维惯性及组织内外部的各种压力，个体随时都会面临各种挑战和挫折，因此创新需要员工有强大的内心才能适应当前日益变化的环境。职业韧性是一种个人特质和能力，它能帮助个体从职业逆境、冲突及失败中迅速弹回（Youssef & Luthans，2007）。职业韧性高的人，其抗挫折时的能力愈强，在经受高强度的工作压力时，职业衰竭的水平相对较低（Hively，2003）。具有韧性的员工，其个体的潜在动力相对较高，能帮助员工降低职业风险并提高工作绩效（Youssef & Luthans，2007；Parent & Levitt，2009；Morris & Rhtt，2011），在面对动态的环境时能够不屈不挠，并能满足创造性解决问题的需要（韩翼和杨百寅，2011）。与此同时，抗挫折能力越高的个体，其在工作过程中体验到的负性情绪越少（罗利和周天梅，2015）。相反，抗挫折能力越低，个体体验到的挫折感越强，因而整体幸福感相对越低，其表现出来的负性情绪也越多；而抗挫折能力越强，个体对生活质量的评价会更高，会体验到更多的幸福感（Massey，Garnefski & Gebhardt，

2009）。从这个逻辑我们可以看出，工作幸福感低的个体，当其职业韧性较高时，会提升其对工作生活的积极评价，表现出更高的工作幸福感，进而影响员工的创新行为。与此同时，工作幸福感高的个体，因职业韧性对员工创新行为的积极影响，也会表现出更多的创新行为。也就是说，职业韧性对二者的关系有调节作用。

基于此，本研究提出：

假设 5：职业韧性在工作幸福感与员工创新行为的关系中起调节作用。在相同的工作幸福感状态下，拥有较高职业韧性的人表现出相对较高的创新行为。

第四节 雇主品牌、工作幸福感、工作投入与员工创新行为关系假设

一 工作幸福感与工作投入的关系

知识经济时代，每一个员工都是一个知识节点，员工在工作中是否投入对组织具有重要意义。盖洛普公司通过大规模的跨国调查和研究发现，员工投入是组织竞争优势的重要源泉之一（Harter, Schmidt & Hayes, 2002）。全身心投入工作的员工，不仅表现出良好的工作态度和组织公民精神，而且与高水平的工作绩效直接相关（Rich, Lepine & Crawford, 2010）。当组织员工普遍表现出高投入水平时，在组织内部会形成一种充满活力、甘于奉献的工作氛围，给组织带来独特的核心竞争力（Harter, Schmidt & Killman, 2003）。然从盖洛普等公司长年的调查来看，组织中高水平投入的员工比例相对较低，因而，如何提升员工的工作投入成了理论界和实践界热门的研究议题。

影响员工工作投入的因素很多，个体的心理意义感、安全感和充沛感（Kahn, 1990, 1992）、个体—工作环境是否契合（Maslach & Leiter, 2008）、组织及个体资源（Bakker & Demerouti, 2008）等都是影响员工工作投入的重要因素。工作幸福感作为积极心理学的重要变量之一，近年来有部分学者开始探索二者之间的关系，研究发现二者高度相关。首先，员工工作幸福指数越高，其对工作领域的积极心理

体验就越多，因而个体拥有更多的积极情绪与状态（王晓莉，2015）。积极情绪体验越深，个体对工作的认同感越强，越容易形成工作的高效能感和高胜任感（黄亮，2015），因而个体在工作中表现出更多的活力，对工作变得更专注，工作中更乐于奉献，形成更高的工作投入水平。其次，员工工作幸福感越高，说明员工对工作的总体感觉较为满意，得到了他们想要从工作得到的重要东西，也就是说工作本身和组织要素能给员工带来心理意义、安全和充沛等感觉，按Kahn的投入观，个体对于其所属组织的工作热情越高，在工作中越能表现出较高的投入水平（徐万彬，2012；姚海娟等，2013）。最后，工作幸福感高的员工，他们对目前的工作状况比较满意，他们不愿意失去或者改变目前的工作境况，而要维持这种状态，也需要员工在工作过程中保持一种积极的状态。事实上，已有学者通过实证的方式验证了工作幸福感对员工工作投入的正向影响（戴颖，2011；李锡元等，2014）。

基于此，本研究提出：

假设6：工作幸福感与工作投入正相关。

二 雇主品牌与工作投入的关系

近年来，随着全球经济的衰退，学者们对雇主品牌的研究重心从外部吸引人才逐步转向了其对内部雇员工作投入的影响（Balain & Sparrow 2009；Scullion & Collings，2011）。最佳雇主比他们的竞争对手有更大的可持续发展的竞争优势的原因是他们员工的工作投入程度不同，最佳雇主里面的员工投入程度高，个体有更多的自主努力，这些是他们取得高额收入及利润的来源（Ritson，2002；Backhaus & Tikoo，2004；Barrow & Mosley，2005；Piyachat，Chanongkorn & Panisa，2014）。雇主品牌能影响员工的工作投入，基于以下三点理由：

首先，雇主品牌是雇主提供给员工的经济性、功能性和心理性的利益组合，按社会交换理论，当员工从组织获得这些资源后，员工觉得有义务以一定方式回报组织，因而员工会根据其从组织获得的资源来改变其投入水平（Saks，2006），好的雇主能提供给员工更好的利益组合，因而员工的投入水平相对较高（Piyachat, Chanongkorn & Panisa, 2014）。其次，好雇主不仅拥有好的企业声誉和企业形象，而且提供给员工的工作自主空间大，目标程序清晰，能提升员工的自我尊严和自我价值感，使员工从心理意义获得较高的满足感。此外，好雇主能根据员工的特点安排合适职位，提高员工与组织环境的匹配性，有利于员工感受到心理充沛感；还有好雇主拥有较好的企业文化，人际关系和谐，且薪酬福利相对丰厚，有利于提高员工的心理安全感，而心理安全感、意义感和充沛感是影响员工工作投入的三个最重要的前因变量（Kahn，1990、1992），并且自主性、安全感等因素已经被实证与员工的工作投入程度正相关（Spiegelaere, Gyes, Witte, Niesen & Hootegem, 2014），因而可以推断雇主品牌对员工的工作投入有正向影响。最后，好的雇主内部上下级关系距离较近，员工的自主性较大，上下级间交流沟通比较通畅，上级对下级的指导和绩效反馈较多，且能提供给员工较好的工作物质条件，当员工家庭生活与工作发生冲突时能给予适当的照顾，这些会让员工感觉在组织工作拥有充足的资源，再加上企业文化较好，雇员感到的各种精神压力相对较小，因而觉得工作要求相对较低，根据工作投入的 JD-R 模型，在这样的组织中工作的员工也会有更高的工作投入程度，实际上，工作资源对员工工作敬业度的影响已经得到了验证（Hakanen, Perhoniemi & Toppinen-Tanner, 2008；van den Berg, Verberg, Berkhout, Lombarts, Scherpbier & Jaarsma, 2015）。

基于此，本研究提出：

假设7：雇主品牌与工作投入正相关。

三　工作投入与员工创新行为的关系

工作投入是一种以活力、奉献、专注为特征的积极的、令人满足的与工作有关的状态（Schaufeli, Salanova, González-Romá & Bakker, 2002），这种状态是完成任何类型的有挑战性工作的一部分（Leiter & Bakker, 2010）。以往的研究表明，高工作投入的员工是那些具有高效率及自我效能感的人，这些个体将工作障碍看成是取得自我成就所需要克服的困难（Bakker, Albrecht & Leiter, 2011; Leiter & Bakker, 2010）。本质上，高投入的雇员将他们的工作感知为：（1）他们想要投入时间和精力做的事情，因为这些事情对他们来说是刺激的和令人兴奋的，对应着活力维度；（2）重要的和有意义的追求，对应着奉献维度；（3）他们可以为之倾心的东西，对应着专注维度（Bakker等，2011）。从这个意义上说，工作投入可被理解为与内在动机存在概念的一致性，因为它包含了内在动机的目标指向、努力及坚持不懈等维度（Salanova & Schaufeli, 2008）。内在动机已经被证明与创新相关（Shalley, Zhou & Oldham, 2004），基于此，我们认为内在动机是创新过程的一个构成部分。进一步来说，当员工全心投入时，他们能够把全部精力用来解决问题，很好地和别人交流，进行创新。因此，我们认为工作投入的个体更有可能具有创造力。事实上，已有实证研究证明高投入的员工的确能够持续改善他们的工作（Bakker 等，2011; Gomes, Curral & Caetano, 2015），工作投入与员工的创新行为正相关（Aryee, Walumbwa, Zhou & Hartnell, 2012; 张瑞娟等，2014; 钱白云，苏倩倩和郑全全，2011）。

同时，工作要求—资源模型也表明高投入的员工有更好的工作绩效和创造力（Bakker & Demerouti, 2008），这一点也得到了实证的支持（van den Berg, Verberg, Berkhout, Lombarts, Scherpbier & Jaarsma, 2015）。另外，实证研究也表明，工作投入能够激发员工的积极性和主动性，而员工的积极性和主动性有助于个人的创新行为（Hakanen, Perhoniemi & Toppinen-Tanner, 2008; Salanova & Schaufeli, 2008）。

基于此，本研究提出：

假设8：工作投入与员工创新行为正相关。

四 工作幸福感、工作投入在雇主品牌与员工创新行为关系中的链式作用

在一个现代化、网络化及以知识为基础的商业环境中，企业普遍认为人才问题和产品或服务创新问题是企业面临的主要挑战。然而研

究者发现，产品或者服务创新的根本动力源于员工的积极性和主动性，积极和主动的员工有更多的创新行为（Hakanen，Perhoniemi & Toppinen-Tanner，2008），因而这两大问题又归结于人才问题。吸引最优秀的人才，给员工最优秀的雇佣体验，调动员工的积极性和主动性，是解决这两大难题的重要手段。雇主品牌作为人力资源管理综合活动的结果，从薪酬福利、工作安排、个人发展等多方面给员工带来不一样的雇佣体验，激发员工的情感认可和工作投入，帮助组织形成竞争优势。研究表明，好的雇主将创新与发展等核心价值观与员工的个人目标结合到一起，甚至内化到员工的心里，成为员工创新的原动力（刘戈，2008）。与此同时，雇主品牌被实证是影响员工组织承诺、工作满意度及工作绩效等产出行为的重要前因变量（Robertson & Khatibi，2013；张宏，2014）。创新绩效作为科技企业工作绩效的重要组成部分，从理论上讲应该是受到雇主品牌的影响。

另一方面，随着人们生活水平的逐步改善和提高，人们对幸福生活和幸福企业的期待变得越来越迫切。"优秀的雇主也许虽不能满足员工的薪酬期待，但却能让员工感到幸福（刘戈，2008）"。优秀的雇主内部沟通交流通畅、在员工家庭生活与工作发生冲突时给予较多的照顾、员工的自主程度较大，这些都已经被实证是影响员工工作幸福感的重要因素（Hoeven & Zoonen，2015）。工作幸福的员工，其拥有更多的积极情感，而积极情感可以促使人突破个体固有思维的方式及模式，从而产生更多创造性的思想与行为（Fredrickson，1998；王晓莉，2015）。工作幸福感除了直接影响员工创新行为外，还可以通过一些中介变量间接影响员工创新行为，譬如自尊（黄亮，2015）。工作投入被认为是员工创新行为的重要影响因素之一。研究表明，工作幸福感与工作投入存在显著正相关，工作幸福感越高，个人投入水平也越高（Aryee，Walumbwa，Zhou & Hartnell，2012；张瑞娟等，2014）。

基于此，本研究提出：

假设9：雇主品牌依次通过工作幸福感和工作投入最终作用于员工创新行为，工作幸福感和工作投入在雇主品牌与员工创新行为关系中发挥链式中介作用。

第五节 研究假设汇总

通过探索性访谈及演绎推理，本研究构建了科技企业雇主品牌、工作幸福感、工作投入、职业韧性与个体创新行为关系的概念模型，并据此提出了9个基本研究假设及5个分假设，现将所有研究假设汇总如表4.1所示，以便下一步更好地进行实证研究。

表4.1　　　　　　　　　本研究假设汇总表

假设序号	假设
假设1	雇主品牌与员工创新行为正相关。
假设1a	雇主品牌薪酬福利维度与员工创新行为正相关。
假设1b	雇主品牌工作安排维度与员工创新行为正相关。
假设1c	雇主品牌的个人发展维度与员工创新行为正相关。
假设1d	雇主品牌的企业实力维度与员工创新行为正相关。
假设1e	雇主品牌的企业文化维度与员工创新行为正相关。
假设2	雇主品牌与员工工作幸福感正相关。
假设3	工作幸福感与员工创新行为正相关。
假设4	工作幸福感在雇主品牌与员工创新行为的关系中起中介作用。
假设5	职业韧性在工作幸福感与员工创新行为的关系中起调节作用。在相同的工作幸福感状态下，拥有较高职业韧性的人表现出相对较高的创新行为。
假设6	工作幸福感与工作投入正相关。
假设7	雇主品牌与工作投入正相关。
假设8	工作投入与员工创新行为正相关。
假设9	雇主品牌依次通过工作幸福感和工作投入最终作用于员工创新行为，工作幸福感和工作投入在雇主品牌与员工创新行为关系中发挥链式中介作用。

第五章 实证研究设计

通过探索性访谈和演绎推理，本书构建了科技企业雇主品牌与员工创新行为间的研究范式，搭建了一个直接效应模型、一个跨层有调节的中介效应模型及一个跨层链式中介模型，并在此基础上提出了相关的研究假设。从本章开始，我们将采用定量分析的方法，通过常规问卷调查的方式，收集一定量的有效的数据信息，对建构模型的各种假设进行检验。按照问卷调查的基本步骤，问卷调查前研究者首先必须为研究的构念选取或者设计合适的量表；其次，为保证数据调查的效度和信度，研究者必须对问卷进行预测试，以保证我们选用或设计的量表确是我们需要调查的构念，并且能由足够的信度和效度来反映我们要研究的内容；最后，是在预调查的基础上，根据研究的需要，收集到能科学进行统计分析的足量数据。下面我们对这三个步骤做详细的说明。

第一节 变量测量量表选择

对组织和人力资源管理的众多研究来说，由于很多概念属于潜变量的范畴，它不能像经济学一些概念一样直接用数量值去衡量，实际操作中学者们往往通过量表去进行度量，因而设计或选择一个好的量表直接关系到研究的结果和质量。从目前的研究看，由于开发量表的技术性和规范性要求较高，因而对于那些已有测量量表的构念，研究者大都不去开发新的量表，而是在现有量表的基础上根据构念内涵和情境特点去进行整理和改编，以保证较好的信度和效度。从文献综述可知，本项研究所涉及的 5 个潜变量，已有学者开发出了相关的量表，因而在本项研究中我们不重新开发量表，仅根据研究需要进行适当改编，在通过信度和效度检验后，再开展正式调查获得研究所需要的数据。

一 雇主品牌测量

从前述研究可知，本项研究所定义的雇主品牌是雇员对企业人力资源管理活动的结果感知，是企业差别性雇佣体验的表达。该定义是从内部雇主品牌视角出发的，更多考虑的是员工的工作体验，因而量表选择上更多是要考虑内部雇主品牌量表。根据文献综述结果，从内部雇主品牌视角进行测量的量表有翰威特咨询公司开发的雇主品牌量表、朱勇国及丁雪峰等人开发的工作体验量表及张宏（2014）开发的量表，但从探索性访谈结果来看，包含薪酬福利、工作安排、个人发展、企业实力、企业形象等维度的量表与本项研究的内涵吻合度更高，因而本项研究在张宏（2014）开发的包含 24 个题项的量表基础上进行适当改编，形成了雇主品牌测量的初始量表，同时为了表述简便，在题项中使用雇主品牌的英文缩写"EB"来代表雇主品牌，具体见表 5.1。

表 5.1　　　　　　　　　雇主品牌测量题项

编号	题 项
EB1	我们企业员工的薪酬与绩效挂钩
EB2	我们企业尽量满足员工的福利要求
EB3	我们企业工资水平比其他同行企业要高一些
EB4	我们企业当员工工作与家庭发生冲突时，企业能体谅并给予方便和照顾
EB5	我们企业员工能得到应得的报酬
EB6	我们企业能根据员工的实际能力安排合适的工作内容
EB7	我们企业能为员工提供必要的工作设备
EB8	我们企业能保证员工在工作中的健康与安全
EB9	我们企业能为员工提供稳定的工作

续表

编号	题项
EB10	我们企业安排的工作能给员工带来成就感
EB11	我们企业实行岗位轮换制度
EB12	我们企业为员工提供国外工作和生活的机会
EB13	我们企业员工在企业拥有充分的晋升空间
EB14	我们企业为员工提供持续的培训机会
EB15	我们企业的知名度很高
EB16	我们企业具有很强的影响力
EB17	我们企业的规模较大
EB18	我们企业的产品创新能力较强
EB19	我们企业在同行业中的排名靠前
EB20	我们企业乐于与员工进行沟通，给予员工足够的发言权
EB21	我们企业充分肯定员工取得的成绩
EB22	我们企业赋予员工充分的自主权
EB23	我们企业充满友善的文化氛围
EB24	我们企业中拥有良好的上下级关系

二 员工创新行为测量

如前所述，本项研究中定义员工创新行为为"员工在组织运行过程中主动观察、思考，形成有利于组织发展的创新并加以实施的个人行为"。这种行为是员工主动去观察的、思考的、发现的并加以运用的新方法、新模式及新产品等，这个定义包含了创新行为的产生与创新行为的应用这两个维度。类似的两维度问卷有 Zhou & George (2001)、Keysen 和 Street (2001)、黄致凯 (2004)、王贵军 (2011) 等开发的问卷，考虑到 Zhou & George (2001) 等人的问卷在实践中使用较多，因而本项研究采用 Zhou & George (2001) 开发的 13 维度员工创新行为问卷为基础，再经导师指导及博硕团队研讨，同时结合王贵军 (2011) 修订的员工创新行为问卷，最终确定了一个包含 12 个题项的员工创新行为初始量表。同时为了表述简便，在题项中使用员工创新行为的英文缩写"EIB"来代表员工创新行为，具体见

表 5.2。

表 5.2　　　　　　　员工创新行为测量题项

编号	题　项
EIB1	我会去关注工作、部门、单位或市场中不常出现的问题
EIB2	我会去寻找可以改善单位、部门、工作流程或服务等方面的机会
EIB3	我会对工作中出现的问题提出新的构想或者新的解决方法
EIB4	我会从不同的角度看待工作中的问题，以获得更深入的见解
EIB5	我会去试验新的构想或新的解决方法
EIB6	我会去评估新构想或新办法的优缺点，选择最佳解决方案
EIB7	我会主动去推动新构想并使其有机会被实施
EIB8	我会尝试说服他人了解新构想或者新解决方法的重要性
EIB9	我会冒着风险以支持新构想或者新方法
EIB10	我会去从事可能对单位产生益处的改变
EIB11	当应用新方法于工作流程、技术、产品或者服务时，我会设法修正新方法所产生的毛病
EIB12	我会将新的构想和方法应用到日常工作中去改善工作流程、技术、产品或服务

三　工作幸福感测量

从文献综述可知，本项研究将工作幸福感定义为员工对工作质量是否满意或幸福的一种认知和评价，是一种整体的感知，考虑到多维量表获取数据的难度，因而在量表选择上更多倾向于单维度的工作幸福感量表。基于此思想，本书在参考 Diener（1985）、Pavot（1993）及 Pavot & Diener（2009）等开发的有关生活满意度总体量表基础上，改编了一个仅包含 5 题项的单维度的工作幸福感量表，同时为了表述简便，在题项中使用工作幸福感的英文缩写"WH"来代表工作幸福感，具体见表 5.3。

表 5.3　　　　　　　　　工作幸福感测量题项

编号	题项
WH1	我的工作让我感觉幸福
WH2	我对我的工作状况感到满意
WH3	我的工作比较理想
WH4	迄今为止，我已经得到了我希望在工作中拥有的那些重要东西
WH5	要是我能重新选择，我也不愿意改变

四　工作投入测量

根据变量内涵可知，本书基于 Schaufeli（2006）的思路，把工作投入定义为一种以活力、奉献、专注为特征的积极工作状态，因而量表选择上应该体现活力、奉献和专注三个特征。Lin（2010）根据 Schaufeli 等人的研究，开发了一个包含活力、奉献及专注等内容、6 个条目的工作投入短式量表，本项研究把 Lin（2010）的量表直接翻译过来作为初始量表，同时为了表述简便，在题项中使用工作投入的英文缩写"WE"来代表工作投入，具体见表 5.4。

表 5.4　　　　　　　　　工作投入测量题项

编号	题项
WE1	工作中我充满活力
WE2	工作中我感到精力充沛
WE3	我对我的工作充满热情
WE4	我的工作能够激励我
WE5	我认真工作时感觉很开心
WE6	我专注于我的工作

五　职业韧性测量

职业韧性作为一个从心理学上"韧性"发展而来的重要概念，本项研究把它定义为"一种可从逆境、冲突、失败甚至积极的事件、进步或增加的责任中跳回或弹回的能力"，因而更多是一种品质性定义。

在品质性定义中，Luthans，Avolio & Avey（2006）编写的心理资本问卷及香港岭南的大学的 Siu（2009）开发的职业韧性问卷均能对职业韧性进行很好的测量，本项研究根据这些学者们的研究成果，改编成一个包含 9 个题项的职业韧性初始量表，同时为了表述简便，在题项中使用职业韧性的英文缩写"CR"来代表职业韧性，具体见表5.5。

表5.5　　　　　　　　　职业韧性测量题项

编号	题　项
CR1	发现自己在工作中陷入了困境，能想出很多办法摆脱出来
CR2	我认为任何问题都有很多解决方法
CR3	工作中遇到挫折时，总是很快从中恢复过来，并继续前进
CR4	在工作中，我无论如何都会去解决遇到的难题
CR5	如果有某项工作不得不去做，可以说，我也能独立应战
CR6	我通常对工作中的压力能泰然处之
CR7	因为以前经历过很多磨难，所以我现在能挺过工作上的困难时期
CR8	在我目前的工作中，我感觉自己能同时处理很多事情
CR9	工作中发生不利的事情，我认为是暂时的和有办法解决的

第二节　小样本预测试

由于本项研究的各变量的量表是从以往的研究中选用或改编而来的不太成熟的量表，因而初始问卷可能存在不完善的地方，其普适性也还未得到有效验证，问卷的情境也不一定与本项研究的构念完全吻合，因此，为保证本项研究内容有较高的信度和效度，有必要在正式的样本调查前实施小样本预测试。

一　预测试的要求与方法

根据吴明隆（2010）所撰写的问卷统计实务分析中对小样本预测的相关说明可知，小样本测试的目的是为了保证问卷调查的合理性及最终测量结果的效度和信度，预测试样本量越大，小调查预测试的效果越好。假如要进行因子分析,则预测样本数最好为量表题项数的 5 倍;如果能达到 10 倍以上,则结果会更具稳定性。从上面的设计我们可以知道,本项研究设计的预测试问卷包括雇主品牌 24 题项、员工创新行为 12 题项、工作幸福感 5 题项、工作投入 6 题项、职业韧性 9 题项,再加上 7 个相关的人口统计变量,共 63 个题项。考虑到本研究要进行因子分析,因而我们预测试的样本数大体上在 5 倍左右。

二 预测试数据收集

由于本项研究所考虑的主要解释变量雇主品牌是属于企业层面的变量,而员工创新行为、工作幸福感、工作投入、职业韧性等变量属于个人层面的变量,从理论上讲这些变量间会存在组间差异,因而在预调查时笔者以企业为单位在贵州、湖南、浙江、山西等地发放问卷,每家企业发放调查问卷 10—20 份。考虑到研究样本是科技企业,因而通过科技局的同学和朋友先找到相关企业,然后通过亲自上门和熟人关系等开展问卷调查。为避免共同方法偏差,我们在做预调研时候把问卷分成了两部分,第一部分涵盖雇主品牌、企业性质、企业规模的相关内容,第二部分包括员工创新行为、工作幸福感、工作投入、职业韧性、性别、年龄、学历等内容,分别由不同的科研技术人员完成。预测试问卷的发放及回收时间为 2015 年 12 月 20 日至 2016 年 1 月 30 日完成,在 30 家企业里面发放并回收了 367 份问卷,其中有效问卷为 346 份,有效问卷率达到 94.28%。回收的有效问卷数是题项数的 5.29 倍,达到了预测试量表的样本数量要求。预测试问卷的基本统计信息见表 5.6。

表 5.6　　预测样本基本统计信息频数分析表（N=346）

变量		频数	百分比（%）
性别	男	160	46.2
	女	186	53.8

续表

变量		频数	百分比（%）
年龄	25岁及以下	20	5.8
	26—30岁	105	30.3
	31—35岁	140	40.5
	36—40岁	69	19.9
	41岁及以上	12	3.5
学历	大专以下	13	3.8
	大专	141	40.8
	本科	178	51.4
	硕士	14	4.0
	博士	0	0
职位	普通员工	156	45.1
	基层管理者	106	30.6
	中层管理者	79	22.8
	高层管理者	5	1.4
任职时间	1年以下	27	7.8
	1—2年	77	22.3
	3—5年	135	39
	6—10年	83	24
	11年及以上	24	6.9
企业规模	100人及以下	2	6.7
	101—500人	12	40
	501—1000人	10	33.3
	1001人以上	6	20
企业性质	民企	23	76.7
	外企	6	20
	其他	1	3.3

三 预测试效度和信度检验

（一）效度检验

在实证研究中，所谓效度指的是能够测到该测验所欲测（使用者所设计的）心理或行为到何种程度①。通俗的说，效度指的是测量结果的正确性或可靠性。在现实生活中，针对不同的测量目的，因构念的不同导致研究者设计的问卷是不同的，因而在做问卷调查研究时我们必须对效度进行检验。常见的效度指标包括内容效度和建构效度两大类，内容效度通常指的是我们所测量的内容反映我们的构念，由于本项研究中我们采用的问卷是其他研究者使用过的问卷，加上又请专家对问卷能否反映预测的内容进行了初判，保证了调查问卷有较好的内容效度。建构效度（construct validity），亦称为结构效度，指的是能够测量出我们所构建的理论的特质或概念的质量。建构效度在初始量表中我们常使用探索性因子分析的方法来进行检验，在大规模数据调查时常采用验证性因子分析进行检验。做探索性因子分析时，通常我们首先根据KMO值和Bartlett检验的显著性水平来判断量表是否适合做因子分析，然后运用主成分分析等方法来提取共同因子。若KMO值大于0.9，说明题项间关系极佳，非常适合做因子分析；若KMO值大于0.8，表明题项间关系良好，适合进行因子分析；若KMO值小于0.5，说明题项间关系较差，不适合做因子分析。本项研究我们有5个主要研究变量，因而我们分别对它们予以说明。

1. 雇主品牌

如表5.7所示，预调查"雇主品牌"量表中的KMO值达到0.892，Bartlett球体检验的显著性水平为0.000，从结果可知，预调查所获取的样本数据满足了因子分析的基本条件，可以进行因子分析。

表5.7　　预测"雇主品牌"量表的KMO & Bartlett的检验

取样足够度的Kaiser-Meyer-Olkin度量		0.892
Bartlett的球形度检验	近似卡方	4773.967
	df	276
	Sig.	0.000

---

① 吴明隆：《问卷统计分析实务——SPSS操作与应用》，重庆大学出版社2010年版，第194页。

运用主成分分析法对"雇主品牌"量表的共同因子进行筛选，筛选中我们遵循 Kaiser（1960）提出的特征值大于 1 的因子筛选原则，转轴采用含 Kaiser 正态化的最大变异法转轴，旋转在 6 次迭代后收敛。从表 5.8 的结果我们可以看出，主成分分析法共筛选出 5 个特征值大于 1 的因子，5 个因子累计解释的总方差为 65.05%，说明 5 个因子对雇主品牌有较好的解释能力。

表 5.8　　预测"雇主品牌"量表累计的总方差

成分	初始特征值			提取平方和载入			旋转平方和载入		
	合计	方差的%	累计%	合计	方差的%	累计%	合计	方差的%	累计%
1	9.247	38.529	38.529	9.247	38.529	38.529	3.518	14.658	14.658
2	2.132	8.882	47.411	2.132	8.882	47.411	3.424	14.266	28.923
3	1.655	6.894	54.305	1.655	6.894	54.305	3.133	13.056	41.979
4	1.420	5.916	60.220	1.420	5.916	60.220	3.085	12.855	54.835
5	1.160	4.883	65.053	1.540	4.833	65.053	2.452	10.218	65.053
6	0.880	3.668	68.721						

从表 5.9 的旋转成分矩阵可知，雇主品牌初始量表都被归于 5 个特征值大于 1 的因子，因子 1 包含"EB20—EB24"5 个题项，因子 2 包含"EB15—EB19"5 个题项，因子 3 包含"EB10—EB14"5 个题项，因子 4 包含"EB6—EB9、EB4"5 个题项，因子 5 包含"E1、E2、E3、E5"4 个题项，且 24 个题项在所属因子的载荷最小值为 0.523，满足了因子载荷大于 0.5 的基本要求，同时 24 题项在非所属因子的载荷都收敛于 0，说明我们所使用的预测问卷具有较好的结构效度。

表 5.9　　预测"雇主品牌"量表旋转成分矩阵

	成分				
	1	2	3	4	5
EB23	0.78	0.216	0.01	0.271	0.221
EB24	0.766	0.102	-0.036	0.319	0.194

续表

	成分				
	1	2	3	4	5
EB21	0.724	0.167	0.355	0.095	0.158
EB22	0.682	0.222	0.325	0.12	0.229
EB20	0.6	0.279	0.301	0.133	0.208
EB15	0.033	0.801	0.217	0.188	0.048
EB16	0.103	0.773	0.197	0.143	0.113
EB19	0.345	0.766	0.034	0.092	0.006
EB17	0.139	0.756	0.21	0.127	0.1
EB18	0.299	0.587	0.3	0.183	0.177
EB11	-0.07	0.107	0.764	0.148	0.152
EB12	0.195	0.162	0.742	0.042	0.074
EB13	0.232	0.328	0.671	0.071	0.141
EB14	0.181	0.343	0.608	0.07	0.127
EB10	0.401	0.084	0.569	0.401	0.203
EB9	0.214	0.099	0.256	0.79	0.015
EB8	0.205	0.02	0.091	0.778	0.068
EB7	-0.036	0.234	-0.057	0.652	0.127
EB6	0.298	0.202	0.163	0.633	0.294
EB4	0.255	0.247	0.138	0.567	0.239
EB1	0.198	0.067	0.11	0.105	0.754
EB2	0.258	0.117	0.128	0.194	0.745
EB3	0.103	0.079	0.129	0.083	0.723
EB5	0.291	0.091	0.379	0.359	0.523

另外，从析出的因子看，因子成分与张宏（2014）的研究结果基本一致，从另一方面说明问卷有较高的建构效度，因而在本项研究中对于因子的命名沿用张宏（2014）的观点，只是考虑到本项研究中因子筛选时把EB4"我们企业当员工工作与家庭发生冲突时，企业能体谅并给予方便和照顾"与"EB6—EB9"的"工作安排"放在一

起，个人觉得更加合理，因为事实上这个讲的是工作安排更加确切，而不是薪酬福利。

2. 员工创新行为

如表 5.10 所示，预调查"员工创新行为"量表中的 KMO 值达到 0.901，Bartlett 球体检验的显著性水平为 0.000，从结果可知，预调查所获取的样本数据满足了因子分析的基本条件，可以进行因子分析。

表 5.10 预测"员工创新行为"量表的 KMO & Bartlett 的检验

取样足够度的 Kaiser-Meyer-Olkin 度量		0.901
Bartlett 的球形度检验	近似卡方	3049.701
	df	66
	Sig.	0.000

运用主成分分析法对"员工创新行为"量表的共同因子进行筛选，筛选中我们遵循 Kaiser（1960）提出的特征值大于 1 的因子筛选原则，转轴采用含 Kaiser 正态化的最大变异法转轴，旋转在 3 次迭代后收敛。从表 5.11 的结果我们可以看出，主成分分析法共筛选出 2 个特征值大于 1 的因子，2 个因子累计解释的总方差解释为 67.832%，说明 2 个因子对员工创新行为有较好的解释能力。

表 5.11 预测"员工创新行为"量表累计的总方差

成分	初始特征值			提取平方和载入			旋转平方和载入		
	合计	方差的%	累计%	合计	方差的%	累计%	合计	方差的%	累计%
1	6.980	58.170	58.170	6.980	58.170	58.170	4.097	34.146	34.146
2	1.159	9.662	67.832	1.159	9.662	67.832	4.042	33.687	67.832
3	.816	6.800	74.632						

表 5.12　　预测"员工创新行为"量表旋转成分矩阵

	成分 1	成分 2
EIB4	0.822	0.263
EIB1	0.79	0.234
EIB2	0.788	0.24
EIB3	0.729	0.379
EIB5	0.726	0.424
EIB6	0.629	0.402
EIB11	0.344	0.785
EIB9	0.112	0.781
EIB7	0.396	0.758
EIB8	0.426	0.756
EIB12	0.368	0.721
EIB10	0.343	0.696

从表 5.12 的旋转成分矩阵可知，员工创新行为初始量表都被归于 2 个特征值大于 1 的因子，因子 1 包含"EIB1—EIB6"6 个题项，因子 2 包含"EIB7—EIB12"6 个题项，且 12 个题项在所属因子的载荷最小值为 0.629，满足了因子载荷大于 0.5 的基本要求，同时 12 题项在非所属因子的载荷都相对影响较小，说明我们所使用的预测问卷具有较好的结构效度。另外，从析出的因子构成看，这个结果和王贵军（2011）的研究因子构成完全一样，从一定意义上说明了我们量表选取的有效性。

3. 工作幸福感

如表 5.13 所示，预调查"工作幸福感"量表中的 KMO 值达到 0.863，Bartlett 球体检验的显著性水平为 0.000，从结果可知，预调查所获取的样本数据满足了因子分析的基本条件，可以进行因子分析。

表 5.13　预测"工作幸福感"量表的 KMO & Bartlett 的检验

取样足够度的 Kaiser-Meyer-Olkin 度量		0.863
Bartlett 的球形度检验	近似卡方	1113.173
	df	10
	Sig.	0.000

运用主成分分析法对"工作幸福感"量表的共同因子进行筛选，筛选中我们遵循 Kaiser（1960）提出的特征值大于 1 的因子筛选原则，由于只抽取了 1 个因子，因而无法转轴。从 5.14 的结果我们可以看出，主成分分析法筛选出 1 个特征值大于 1 的因子，累计解释的总方差解释为 70.011%，说明 1 个因子对"工作幸福感"有较好的解释能力。

表 5.14　预测"工作幸福感"量表累计的总方差

成分	初始特征值			提取平方和载入		
	合计	方差的%	累计%	合计	方差的%	累计%
1	3.501	70.011	70.011	3.501	70.011	70.011
2	0.685	13.698	83.709			

从表 5.15 的成分矩阵可知，工作幸福感初始量表都被归于 1 个特征值大于 1 的因子，因子 1 包含"WH1—WH5"5 个题项，且 5 个题项在所属因子的载荷最小值为 0.637，满足因子载荷大于 0.5 的基本要求，说明我们所使用的预测问卷具有较好的结构效度。

表 5.15　预测"工作幸福感"量表成分矩阵

	成分
	1
WH2	0.917
WH3	0.913

续表

	成分
	1
WH1	0.843
WH4	0.842
WH5	0.637

4. 工作投入

如表 5.16 所示，预调查"工作投入"量表中的 KMO 值达到 0.847，Bartlett 球体检验的显著性水平为 0.000，从结果可知，预调查所获取的样本数据满足因子分析的基本条件，可以进行因子分析。

表 5.16　预测"工作投入"量表的 KMO & Bartlett 的检验

取样足够度的 Kaiser-Meyer-Olkin 度量		0.847
Bartlett 的球形度检验	近似卡方	1486.062
	df	15
	Sig.	0.000

运用主成分分析法对"工作投入"量表的共同因子进行筛选，筛选中我们遵循 Kaiser（1960）提出的特征值大于 1 的因子筛选原则，由于只抽取了 1 个因子，因而无法转轴。从 5.17 的结果我们可以看出，主成分分析法筛选出 1 个特征值大于 1 的因子的子累计解释的总方差解释为 70.322%，说明 1 个因子对"工作投入"有较好的解释能力。

表 5.17　预测"工作投入"量表累计的总方差

成分	初始特征值			提取平方和载入		
	合计	方差的%	累计%	合计	方差的%	累计%
1	4.219	70.322	70.322	4.219	70.322	70.322
2	0.655	10.910	81.232			

从表 5.18 的成分矩阵可知，工作投入初始量表都被归于 1 个特征值大于 1 的因子，因子 1 包含"WE1—WE6"6 个题项，且 6 个题项在所属因子的载荷最小值为 0.797，满足因子载荷大于 0.5 的基本要求，说明我们所使用的预测问卷具有较好的结构效度。

表 5.18　　　　　　预测"工作投入"量表成分矩阵

	成分
	1
WE3	0.872
WE2	0.862
WE1	0.84
WE5	0.83
WE4	0.828
WE6	0.797

5. 职业韧性

如表 5.19 所示，预调查"职业韧性"量表中的 KMO 值达到 0.879，Bartlett 球体检验的显著性水平为 0.000，从结果可知，预调查所获取的样本数据满足因子分析的基本条件，可以进行因子分析。

表 5.19　　　预测"职业韧性"量表的 KMO & Bartlett 的检验

取样足够度的 Kaiser-Meyer-Olkin 度量		0.879
Bartlett 的球形度检验	近似卡方	1417.105
	df	36
	Sig.	0.000

运用主成分分析法对"职业韧性"量表的共同因子进行筛选，筛选中我们遵循 Kaiser（1960）提出的特征值大于 1 的因子筛选原则，由于只抽取了 1 个因子，因而无法转轴。从表 5.20 的结果我们可以看出，主成分分析法筛选出 1 个特征值大于 1 的因子的子累计解释的

总方差解释为 52.598%，说明 1 个因子对"职业韧性"有较好的解释能力。

表 5.20　　预测"职业韧性"量表累计的总方差

成分	初始特征值			提取平方和载入		
	合计	方差的%	累计%	合计	方差的%	累计%
1	4.734	52.598	52.598	4.734	52.598	52.598
2	0.827	9.191	61.789			

从表 5.21 的成分矩阵可知，职业韧性初始量表都被归于 1 个特征值大于 1 的因子，因子 1 包含"CR1—CR9"9 个题项，且 9 个题项在所属因子的载荷最小值为 0.597，满足因子载荷大于 0.5 的基本要求，说明我们所使用的预测问卷具有较好的结构效度。

表 5.21　　预测"职业韧性"量表成分矩阵

	成分
	1
CR4	0.807
CR3	0.801
CR6	0.787
CR7	0.767
CR5	0.735
CR8	0.725
CR9	0.658
CR1	0.615
CR2	0.597

（二）信度检验

一个量表除了有好的效度外，还必须能较为稳定、精确地测量我们感兴趣的构念，也就是说要有较高的信度。信度反映的是测量结果免受误差影响的程度，或者讲是反复测试获取结果的一致性。在社会科学研究领域，由于很多构念往往包含多个维度，因而在测量信度时不仅要报告总表的信度，而且要报告分维度的信度系数。在实践操作过程中，我们常常以报告量表的 Cronbach's a 系数来反应量表的信度，倘若一份量表的可靠性较高，往往多数分维度的信度系数要少于整体作为一个构念的信度系数，其原因是因为信度是测量题项的函数，同一构念题项数多，其信度就越高，分维度题项少，因而相对要较低。但如果分维度间的差异大，那就会出现分维度信度系数大于总构念信度系数的情况。对一个构念来说，总量表信度系数高于0.8，分量表信度系数不低于0.7是比较理想的；倘若总量表的信度系数在0.8以下，分量表的信度系数在0.6以下，那就要考虑对量表进行订正了。在本项研究的预测试量表中，雇主品牌包含5个维度，员工创新行为包含2个维度，工作投入、工作幸福感及职业韧性都是单一维度，因而在报告信度系数时我们除了报告5个主要研究变量的信度系数外，还对它们分维度的信度系数进行报告。具体系数见表5.22。

表5.22　　　　　　　　预测试变量的信度评价

变量	题项数	Cronbach's a 系数
雇主品牌	24	0.923
薪酬福利	4	0.779
工作安排	5	0.816
个人发展	5	0.806
企业实力	5	0.866
企业文化	5	0.878
员工创新行为	12	0.932
创新想法的形成	6	0.9
创新想法的实施	6	0.901
工作幸福感	5	0.881
工作投入	6	0.914
职业韧性	9	0.886

从表 5.22 我们可以看出，在预测试样本的信度分析中，雇主品牌、员工创新行为、工作幸福感、工作投入、职业韧性 5 个变量的 Cronbach's a 系数均在 0.8 以上，雇主品牌及员工创新行为的分维度 Cronbach's a 系数均在 0.9 以上，表明本项研究变量的测量具有非常好的稳定性和可靠性。

综合效度及信度的检验发现，本研究初始量表的选用合理，不需对变量题项进行大幅度增减和调整，可以开始大规模的样本调查。

第三节 正式数据收集

一 样本量的确立

在社会科学研究中，多层数据结构频繁出现在研究者的视野中，譬如做组织与管理研究，研究者可能会研究组织的人力资源管理实践、企业社会责任活动等对员工行为的影响，在这样一些研究中，组织的人力资源管理实践及企业社会责任活动等显然是组织层面的变量，而员工的行为属于个人层次的变量，假如直接利用员工感知的组织概况进行同层分析，其结果会造成较大的误差，因而在研究中考虑组织间的差异对员工行为的影响已经变得越来越重要。近二十年来，学者们从分层线性模型估计及假设检验的原理、应用及评估等方面进行了许多有益的探索工作，取得了很多可喜的成果。就单以分层研究的样本量来说，Hofmann（1988）、Kreft（1996）认为若处理横截面数据，建议样本量采用 30/30 原则，即有 30 个群体样本数，且每个群体包含 30 个个体样本；但如果研究偏重于跨层次的交互效应，则可以提高层 2 的样本数目到 50 以上，而每个层 2 的个体样本数可以减少到 20 人。温福星，邱皓政（2011）认为，若研究者更重视随机效应，可以将层 2 变量调整到 100，层 1 的变量可以减少到 10 个个体样本。

在本项研究中，因为雇主品牌是层次 2 的变量，而员工创新行为是层次 1 的变量，该研究显然是一个多层数据模型，因而在样本选择时要同时兼顾层 2 和层 1 的数量。考虑到本项研究不仅要考虑跨层次的交互效应，而且要考虑随机效应，再加上获取样本的难易程度，因而本项研究拟调研 90 家左右的科技企业，每个企业调查 10—20 个样本，使总个体样本数目在 1000 左右。

二 问卷收集

因本书的研究对象是科技企业，为了使研究既具有一定的代表性，又具有可操作性，本项研究在组织层样本的确立上采用配额抽样法，从东、中、西部各抽取一定数量的科技企业作为我们的研究对象，基于自身资源，东部我们选取浙江、广州、上海、北京 4 个城市作为我们的取样范围，中部我们选取湖南、湖北、山西作为我们的取样范围，西部我们选取贵州和四川作为我们的取样范围。对于员工层面的样本，我们在选定的科技企业内部采用随机抽样方式，通过"滚雪球"的方式收集样本。调研问卷分为雇主品牌问卷和员工行为问卷，按照规范的问卷调查方法，理应由员工填写雇主品牌问卷，管理层填写员工行为问卷，但考虑到问卷收集的难度，本项研究两部分问卷都由员工填写，但为了避免共同方法变异的影响，我们使用两种方式完成问卷的收集，一是分不同时段由同一批员工填写两部分问卷，这部分企业的问卷主要是通过网络调查方式完成；第二种方式是在同一时间段由不同员工共同完成问卷，也就是一部分员工填写雇主品牌问卷，一部分员工填写员工行为问卷，经配对形成一份完整问卷。

问卷调查工作于 2016 年 2 月开始，历时三个月，到四月底共回收 92 家企业，1084 份问卷。经过严格的问卷质量检查，剔除不合格的问卷，最终保留 81 家企业的 946 份问卷。问卷筛选遵循以下基本原则：一是对有大面积空白的和答案全部一致的问卷予以剔除；二是对企业员工行为问卷份数少于 8 份的企业问卷和员工问卷都予以剔除。

三 样本概况

对正式调查的样本进行基本统计信息频数分析，得到如表 5.23 的结果，从结果我们可以看出，从性别来看，男 426 人，女 520 人，性别比例是适中的；从年龄看，"26—30岁"与"31—35岁"两个年龄段的人相对占比较高，这也与科技型企业的现实基本一致，因为科技型企业大多员工比较年轻；从学历来看，本科生的比例占了49.7%，是调查样本的主要群体，相反，硕士博士比例仅10.4%，说明科技企业员工的学历还需要提高，另一方面，对科技企业来说，更应该想办法吸引高学历的员工来就职，这也给雇主品牌建设提供了基础；从调查样本的职位来看，普通员工占比40%，基层管理者占比33.2%，中层管理者占比20.2%，高层管理者占比6.7%，有一定的代表性；从在职时间看，"3—5年"和"6—10年"的员工抽样占比分别为35.1%及21.8%，这些员工都属于企业的中坚力量，他们的个性也日趋成熟，因此这部分员工的创新行为等特征应该有较强的代表意义；从企业规模看，"100人及以下"与"1001人"的企业占比相对较少，而"101人—500人"及"501人—1000人"的企业比例相对较高；从企业性质看，本次调查的企业民企相对较多，占比71.6%，国企和外企性质的相对较少。

表 5.23 　　正式样本基本统计信息频数分析表（N=946）

变量		频数	百分比（%）
性别	男	426	45
	女	520	55
年龄	25 岁及以下	80	8.5
	26—30 岁	343	36.3
	31—35 岁	313	33.1
	36—40 岁	169	17.9
	41 岁及以上	41	4.3
学历	大专以下	57	6.0
	大专	320	33.8
	本科	470	49.7
	硕士	91	9.6
	博士	8	0.8

续表

变量		频数	百分比（%）
职位	普通员工	378	40.0
	基层管理者	314	33.2
	中层管理者	191	20.2
	高层管理者	63	6.7
任职时间	1年以下	70	7.4
	1—2年	204	21.6
	3—5年	332	35.1
	6—10年	206	21.8
	11年及以上	134	14.2
企业规模	100人及以下	21	25.9
	101—500人	23	28.4
	501—1000人	26	32.1
	1001人以上	11	13.6
企业性质	国企	5	6.2
	民企	58	71.6
	外企	17	21
	其他	1	1.2

第六章 假设检验

本章主要是借助 SPSS19.0、AMOS17.0、HLM6.08 等统计软件去验证本研究提出的概念模型。依照数据分析的基本步骤，在假设检验前必须先去评估测量的数据是否真实可靠，也就是说要对数据的信度、效度、是否具有同源方差等进行检验，对于跨层分析，还须对层次 2 的数据是否具有组内一致性、组间是否有差异性等进行检验。在检验数据符合研究要求后，利用各种统计方法对提出的假设进行检验。因此，本部分内容分为四个步骤，第一步是对问卷得来的数据进行质量评价，看是否满足进一步研究的基本要求；第二步是对主效应进行分析，探讨雇主品牌及各维度对员工创新行为是否有跨层直接影响；第三步，通过 HLM 软件检验职业韧性的调节作用、工作幸福感的中介作用是否成立；第四步是通过 HLM 软件检验工作幸福感、工作投入在雇主品牌与员工创新行为的链式中介效应。

第一节 问卷调查的数据质量评价

高质量的数据是研究者进行假设检验的基础，因而获取高质量的数据成了科学研究者最为关心的议题之一。问卷调查法作为一种最常见的数据收集方法，假如操作得当，研究者能得到较好的数据。然而，在问卷调查中，数据的质量往往会受到问卷本身、参与者能力、态度及真实性等多种主客观因素的影响，因而在假设检验前必须对问卷调查的数据质量进行评价。通常来说，对数据质量的评价主要是对数据的效度、信度等进行评估，对于跨层分析来说，倘若高层变量是由低层变量聚合所得，还必须对数据进行聚合检验。下面对本研究调查的数据进行各种评价。

一 正式样本的效度和信度分析

（一）效度分析

从上一章效度检验的有关理论可知，一个问卷的效度主要包括内容效度及建构效度。由于问卷采用的是已有学者开发的量表，再加上请专家进行了定性评价，因而有较好的内容效度。对于建构效度，通常用聚合效度及判别效度来检验它。聚合效度是指在使用不同方式测量同一构念时，所得到的测量分数之间由于反映同一构念而应该高度相关。聚合效度可以采用验证性因子分析检验，当测量模型是可接受时，也就是测量模型的整体适配度指标在理想的取值范围内［按侯杰泰、温忠麟和成子娟（2004）观点，模型的卡方与自由度的比值在1.0—5.0之间，近似误差均方根（RMSEA）低于0.1，拟合优度系数（GFI）、调整拟合优度系数（AGFI）、规范拟合指数（NFI）、增值拟合指数（IFI）、比较拟合指数（CFI）均高于0.9，表明模型是可以接受的］，此时可以通过观察测量项目在构念上的负载、计算平均提取方差（AVE）及组合信度（CR）等来判断一个构念的聚合效度是否理想。若所有测量题项显著，同时标准化的因子荷载大于0.5，且组合信度（CR）大于0.7，平均方差提取量（AVE）超过0.5，则说明量表具有良好的聚合效度（Fornell & Larcker，1981）。对于判别效度，Fornell & Larcher（1981）建议，判别效度较好的标志是不同潜变量 AVE 的平方根大于不同变量之间相关系数。本研究采用以上这些标准对量表的建构效度进行衡量，检验的具体结果如下：

1. 雇主品牌量表的聚合效度分析

利用 AMOS17.0，按预调查时析出的因子结构做验证性因子分析，得出如表6.1所示结果。从模型的整体适配指标看，模型的卡方与自由度的比值4.935，显得稍大，但整体还在1.0—5.0之间，这个估计与样本量较大有关；近似误差均方根（RMSEA）0.092，在可以接受的 0.1 范围以内；各项拟合优度系数除调整拟合优度系数（AG-FI）略低于 0.9 外，其他拟合指数都大于 0.9，因而从整体看预测模型是可以被接受的；从各测量题项在其维度构念上的标准化因子载荷值看，最小的 0.674，最大的 0.873，未出现小于 0.5 及大于 0.95 的系数，说明输出的估计系数未违反估计要求，在可接受的范围内。此外，雇主品牌各个维度的组合信度（CR）均最小值为 0.848，平均方差提取量（AVE）最小值为 0.541，均高于 0.7 与 0.5 的最低标准。依据聚合效度的判断依据，本项研究中雇主品牌量表具有较好的聚合效度。

表 6.1　　　　　　　雇主品牌量表聚合效度分析

构念	因子	题项编号	因子载荷	CR	AVE
雇主品牌	薪酬福利	EB1	0.719	0.893	0.598
		EB2	0.794		
		EB3	0.715		
		EB5	0.857		
	工作安排	EB4	0.798	0.923	0.541
		EB6	0.804		
		EB7	0.616		
		EB8	0.696		
		EB9	0.748		
	个人发展	EB10	0.795	0.848	0.598
		EB11	0.674		
		EB12	0.77		
		EB13	0.838		
		EB14	0.78		
	企业实力	EB15	0.799	0.925	0.643
		EB16	0.826		
		EB17	0.691		
		EB18	0.85		
		EB19	0.832		

续表

构念	因子	题项编号	因子载荷	CR	AVE
雇主品牌	企业文化	EB20	0.843	0.949	0.676
		EB21	0.876		
		EB22	0.873		
		EB23	0.787		
		EB24	0.722		

整体适配指标值：$\frac{\chi^2}{df}$ = 4.935；GFI = 0.901；AGFI = 0.882；NFI = 0.923；IFI = 0.912；CFI = 0.912；RMSEA = 0.092。

2. 员工创新行为量表的聚合效度分析

利用 AMOS17.0，按预调查时析出的因子结构做验证性因子分析，得出如表 6.2 所示结果。从模型的整体适配指标看，模型的卡方与自由度的比值 3.873，近似误差均方根（RMSEA）0.078，各项拟合优度系数均大于 0.9，因而从整体看预测模型是可以被接受的；从各测量题项在其维度构念上的标准化因子载荷值看，最小的 0.726，最大的 0.862，未出现小于 0.5 及大于 0.95 的系数，说明输出的估计系数未违反估计要求，在可接受的范围内。此外，员工创新行为两个维度的组合信度（CR）最小值为 0.932，平均方差提取量（AVE）最小值为 0.651，均高于 0.7 与 0.5 的最低标准。依据聚合效度的判断依据，本项研究中员工创新行为量表具有较好的聚合效度。

表 6.2　　　　　　员工创新行为量表聚合效度分析

构念	因子	题项编号	因子载荷	CR	AVE
员工创新行为	创新想法的产生	EIB1	0.805	0.953	0.694
		EIB2	0.832		
		EIB3	0.85		
		EIB4	0.832		
		EIB5	0.862		
		EIB6	0.816		

续表

构念	因子	题项编号	因子载荷	CR	AVE
员工创新行为	创新想法的实施	EIB7	0.847	0.932	0.651
		EIB8	0.774		
		EIB9	0.726		
		EIB10	0.836		
		EIB11	0.851		
		EIB12	0.8		

整体适配指标值：$\frac{\chi^2}{df}$ = 3.873；GFI = 0.947；AGFI = 0.910；NFI = 0.971；IFI = 0.9752；CFI = 0.975；RMSEA = 0.078。

3. 工作幸福感量表的聚合效度分析

利用AMOS17.0，按预调查时析出的因子结构做验证性因子分析，得出如表6.3所示结果。从模型的整体适配指标看，模型的卡方与自由度的比值1.685，近似误差均方根（RMSEA）0.027，各项拟合优度系数均大于0.95，因而从整体看预测模型是可以被接受的；从各测量题项在工作幸福感构念上的标准化因子载荷值看，最小的0.626，最大的0.934，未出现小于0.5及大于0.95的系数，说明输出的估计系数未违反估计要求，在可接受的范围内。此外，工作幸福感的组合信度（CR）为0.926，平均方差提取量（AVE）为0.695，均高于0.7与0.5的最低标准。依据聚合效度的判断依据，本项研究中工作幸福感量表具有较好的聚合效度。

表6.3　　　　　　　　工作幸福感量表聚合效度分析

构念	因子	题项编号	因子载荷	CR	AVE
工作幸福感	工作幸福感	WH1	0.822	0.926	0.695
		WH2	0.915		
		WH3	0.934		
		WH4	0.834		
		WH5	0.626		

整体适配指标值：$\frac{\chi^2}{df}$ = 1.685；GFI = 0.998；AGFI = 0.989；NFI = 0.999；IFI = 0.999；CFI = 0.999；RMSEA = 0.027。

4. 工作投入量表的聚合效度分析

利用 AMOS17.0，按预调查时析出的因子结构做验证性因子分析，得出如表 6.4 所示结果。从模型的整体适配指标看，模型的卡方与自由度的比值 3.266，近似误差均方根（RMSEA）0.049，各项拟合优度系数均大于 0.95，因而从整体看预测模型是可以被接受的；从各测量题项在工作投入构念上的标准化因子载荷值看，最小的 0.77，最大的 0.884，未出现小于 0.5 及大于 0.95 的系数，说明输出的估计系数未违反估计要求，在可接受的范围内。此外，工作投入的组合信度（CR）为 0.958，平均方差提取量（AVE）为 0.68，均高于 0.7 与 0.5 的最低标准。依据聚合效度的判断依据，本项研究中工作投入量表具有较好的聚合效度。

表 6.4　　　　　　　　　工作投入量表聚合效度分析

构念	因子	题项编号	因子载荷	CR	AVE
工作投入	工作投入	WE1	0.776	0.958	0.68
		WE2	0.806		
		WE3	0.884		
		WE4	0.875		
		WE5	0.83		
		WE6	0.77		

整体适配指标值：$\frac{\chi^2}{df}$ = 3.266；GFI = 0.991；AGFI = 0.961；NFI = 0.982；IFI = 0.988；CFI = 0.987；RMSEA = 0.049。

5. 职业韧性量表的聚合效度分析

利用 AMOS17.0，按预调查时析出的因子结构做验证性因子分析，得出如表 6.5 所示结果。从模型的整体适配指标看，模型的卡方与自由度的比值 4.323，有点偏大，但在可接受范围内，近似误差均方根（RMSEA）0.059，各项拟合优度系数均大于 0.95，因而从整体看预测模型是可以被接受的；从各测量题项在工作投入构念上的标准化因子载荷值看，最小的 0.613，最大的 0.802，未出现小于 0.5 及大于 0.95 的系数，说明输出的估计系数未违反估计要求，在可接受的范围内。此外，工作投入的组合信度（CR）为 0.938，平均方差提取量（AVE）为 0.507，均高于 0.7 与 0.5 的最低标准。依据聚合效度的判断依据，本项研究中工作投入量表具有较好的聚合效度。

表 6.5　　　　　　　　职业韧性量表聚合效度分析

构念	因子	题项编号	因子载荷	CR	AVE
职业韧性	职业韧性	CR1	0.627	0.938	0.507
		CR2	0.613		
		CR3	0.731		
		CR4	0.774		
		CR5	0.802		
		CR6	0.792		
		CR7	0.731		
		CR8	0.642		
		CR9	0.667		

整体适配指标值：$\frac{\chi^2}{df} = 4.323$；GFI = 0.977；AGFI = 0.954；NFI = 0.974；IFI = 0.98；CFI = 0.98；RMSEA = 0.059。

6. 各变量的判别效度分析

依据 Fornell & Larcher（1981）的建议，判别效度较好的标志是不同潜变量 AVE 的算术平方根大于不同变量之间相关系数。为此，我们利用 SPSS 计算出各变量的相关系数矩阵如表 6.6，同时将各潜变量 AVE 算术平方根标记在表的对角线位置上。为与相关系数区分，本项研究给算术平方根加上括号。从表 6.6 我们可以看出，除工作安排与企业文化的相关系数稍大于工作安排对应 AVE 算术平方根外，其余 AVE 算术平方根均大于其所在行和列的自身与其他变量的相关系数值。因此，我们有理由做出这样的判断，本研究所涉及的各个变量量表的判别效度较高。

表6.6　　　　　　　　各变量量表的判别效度分析

	薪酬福利	工作安排	个人发展	企业实力	企业文化	想法产生	想法实施	幸福感	工作投入	职业韧性
薪酬福利	(0.77)									
工作安排	0.74**	(0.74)								
个人发展	0.72**	0.63**	(0.77)							
企业实力	0.67**	0.65**	0.77**	(0.80)						
企业文化	0.76**	0.75**	0.70**	0.67**	(0.82)					
想法产生	0.72**	0.65**	0.7**	0.68**	0.71**	(0.83)				
想法实施	0.67**	0.59**	0.67**	.063**	0.65**	0.83**	(0.81)			
幸福感	0.72**	0.64**	0.70**	0.65**	0.73**	0.73**	0.67	(0.83)		
工作投入	0.63**	0.62**	0.65**	0.64**	0.69**	0.69**	0.63	0.76**	(0.82)	
职业韧性	0.31**	0.43**	0.13**	0.24**	0.36**	0.34**	0.3	0.29**	0.44**	(0.82)

注：** 表示0.01显著水平。

（二）信度检验

在正式调查中，我们仍然使用Cronbach's a 系数来报告量表的信度，结果见表6.7。从表6.7我们可以看出，在正式样本的信度分析中，雇主品牌、员工创新行为、工作幸福感、工作投入等4个变量的Cronbach's a 系数均在0.9以上，雇主品牌及员工创新行为的分维度Cronbach's a 系数均在0.86以上，职业韧性变量的Cronbach's a 系数达到了0.889，再次验证了测量具有非常好的稳定性和可靠性。

表6.7　　　　　　　　变量的信度评价

变量	题项数	Cronbach's a 系数
雇主品牌	24	0.960
薪酬福利	4	0.866
工作安排	5	0.860

续表

变量	题项数	Cronbach's a 系数
个人发展	5	0.874
企业实力	5	0.909
企业文化	5	0.919
员工创新行为	12	0.957
创新想法的形成	6	0.935
创新想法的实施	6	0.928
工作幸福感	5	0.913
工作投入	6	0.926
职业韧性	9	0.889

二 聚合检验

在本项研究中，因组织层面的雇主品牌是由员工层面的雇主品牌感知聚合所得。按照 Bliese（2000）的观点，由个人层面聚合到组织层面，必须有理论和实证的支持，常见的聚合可行的指标有三个。一是组内一致性（Within-Group Agreement），它指的是同一单位的成员对同一构念是否有相同的反应程度，常用 $r_{wg(j)}$ 指标来衡量（James, Demaree and Wolf, 1984; 1993）。

$$r_{wg(j)} = \frac{j(1 - \frac{s_{xj}^2}{\partial_{eu}^2})}{j(1 - \frac{s_{xj}^2}{\partial_{eu}^2}) + \frac{s_{xj}^2}{\partial_{eu}^2}}$$

在公式中，s_{xj}^2 指在 j 个问项上所观测到方差的平均数，∂_{eu}^2 是假设所有回答者只存在随机误差下的期望方差，$r_{wg(j)}$ 指组内一致性，通常情况下，若 $r_{wg(j)} > 0.7$ 则表示有足够的组内一致性。

第二个指标是跨级相关系数 ICC（1）[Intra Class Correlation（1）]，它指的是组间方差占总方差的比重，即检验是否有足够的组间差异。组间差异大于 0.12 就说明适合做跨层分析。

$$ICC(1) = \frac{\tau_{00}}{\delta^2 + \tau_{00}} (\tau_{00} 指组间方差，\delta^2 指组内方差)$$

第三个指标是 ICC（2）[Intra Class Correlation（2）]，它指的是个人层次变量聚合成群体层次变量的信度。Bliese（1998）认为，检验群体层次构念时，取值最好达到 0.7 以上。

$$ICC(2) = \frac{k \times ICC(1)}{1 + (k-1) \times ICC(1)}$$ （k 指群体的个数）。

在本项研究中，我们使用小程序计算 $r_{wg(j)}$ 值（见附录 B）。

最终得到 81 家企业的 $r_{wg(j)}$ 平均值为 0.98，说明数据有很好的组内一致性。对于 ICC（1）的值，通过使用公式计算得到组间方差为 0.264，总方差为 0.395，故 ICC（1）值为 0.668，同理计算得到 ICC（2）值为 0.993。

三 共同方法偏差评估

问卷调查中常因为预测变量与效标变量得分由相同的人群给出以及构念问项中有太高或太低的社会称许性等原因，从而引起预测变量与效标变量的共变而导致系统误差。在本项研究中，在问卷来源方面我们事前做了预防处理，由不同人群或者相同人员在不同时间填写，起到了降低共同方法偏差对研究结果的影响。然因为我们的问卷构念中雇主品牌与员工创新行为含有较高的社会称许性，容易产生共变，因而我们有必要评估共同方法偏差的潜在影响。在本项研究中，我们采用 Harman 单因子分析法对可能存在的共同变异进行探讨。将本项研究所有题项放入 SPSS 中进行未旋转的因子分析，结果析出了 14 个特征值大于 1 的因子，累计方差解释百分比为 71%，第一个因子解释方差百分比为 32.248%，占总变异的 45.42%，尽管数值略显偏大，但共同因子并没有解释所有变量绝大部分变异，因此可以判断共同方法偏差在研究的可接受范围之内。

第二节 雇主品牌对员工创新行为的主效应分析

从理论构建可知，优秀的雇主品牌通过提供给员工较好的薪酬福利待遇、合理的工作安排及较好的个人发展机会，带给员工不一样的雇佣体验。按照社会交换理论，当员工感受到企业提供各种经济性、功能性及心理性的利益时，员工会在工作中表现出更多的组织公民行为，表现出更强的创造力。与此同时，雇主品牌通过营造良好的组织共享文化，员工之间更愿意进行信息及观念的交流、沟通及分享，也更容易产生创新行为。因此，研究提出本书的基本假设1，雇主品牌及其各维度均正向影响员工创新行为，本部分将通过跨层分析模型来验证雇主品牌对员工创新行为的直接效应。考虑到员工创新行为与员工的个人特征有密切关系，遂将员工性别、年龄、学历、职位、工作年限等作为控制变量，放入模型的主效应研究中，以增强对员工创新行为的解释力。为了更加清楚地理解各变量之间的关系，在做假设检验前我们先做一个变量的相关性分析。为此，本部分研究分三个小部分，一是变量的相关性分析；二是零模型分析；三是主效应分析。

一 变量的相关性分析

为直观了解各变量是否与员工创新行为相关，利用 SPSS 求出它们间的相关系数如表6.8。从表6.8我们可以看出，雇主品牌、工作幸福感、工作投入等主要解释变量与员工创新行为均存在正相关关系，在人口统计学变量中，除性别外，年龄、学历、职位、工作年限等都与创新行为正相关。因此，相关性分析表不仅初步揭示了研究变量间的关系，而且也提示我们在方程中引入人口统计学变量作为控制变量是有必要的。

表6.8 变量的相关性分析

	均值	标准差	性别	年龄	学历	职位	任职年限	EB	WH	WE	EIB
性别	1.55	0.498	1								
年龄	2.734	0.991	-0.042	1							
学历	2.654	0.768	-0.056	0.028	1						
职位	1.936	0.93	-0.003	0.427**	0.25**	1					

续表

	均值	标准差	性别	年龄	学历	职位	任职年限	EB	WH	WE	EIB
工作年限	3.137	1.131	-0.023	0.47**	0.178**	0.512**	1				
EB	3.987	0.629	-0.04	-0.008	0.314**	0.355**	0.223**	1			
WH	3.969	0.776	-0.046	-0.011	0.268**	0.355**	0.17**	0.788**	1		
WE	4.247	0.645	-0.01	0.031	0.205**	0.291**	0.155**	0.738**	0.758**	1	
EIB	3.998	0.709	-0.042	0.084**	0.299**	0.34**	0.186**	0.726**	0.726**	0.69**	1

注：** 表示在 $p<0.01$ 水平下显著，EB 表示雇主品牌，WH 表示工作幸福感，WE 表示工作投入，EIB 表示员工创新行为。

二 零模型分析

从变量性质我们看出，本研究中雇主品牌是组织层面的变量，而员工创新行为是员工层面的变量，员工的创新行为可能在不同组织水平间表现出不同的差异性，因而有必要对二者的关系进行跨层处理。按 Hofmann (1997) 的观点，只有当因变量在组织层面有显著差异时，多层分析才有进行的必要性，零模型是检验变量在组织层面是否有差异的重要手段。因此，我们构建如下所示的模型：

员工层面：$EIB_{ij} = \beta_{0j} + r_{ij}$，同时假定 $Var_{(r_{ij})} = \delta^2$

组织层面：$\beta_{0j} = \gamma_{00} + u_{0j}$，同时假定 $Var_{(u_{0j})} = \tau_{00}$

通过 HLM 软件运行零模型，发现零模型在 0.001 水平下是显著的。从模型运算结果我们可以得到模型的组间方差 τ_{00} 值为 0.289，组内方差 δ^2 值为 0.217，说明员工创新行为由于组间差异所造成的变异程度为 0.289，由组内差异所造成的变异程度为 0.217。进一步计算得到模型的跨级相关系数 ICC（1）值为 0.572，ICC（2）值为 0.99，远大于 0.12 与 0.7 的标准，说明员工创新行为组间差异显著，不适宜用一般的回归模型进行处理，必须做跨层分析。

三 主效应分析

从零模型分析我们可以得知，员工创新行为在不同的组织层面存在很强的组间差异,因而在主效应分析时我们采用 HLM 中的截距预测模型研究二者间的关系。同时,考虑到性别、年龄、学历、职位和工作年限与员工创新行为相关,把这几个变量作为控制变量引入员工层面模型中。在组织层面的模型中的截距方程引入雇主品牌变量及企业规模变量。

员工层面:

$EIB_{ij} = \beta_{0j} + \beta_{1j} * 性别 + \beta_{2j} * 年龄 + \beta_{3j} * 学历 + \beta_{4j} * 职位 + \beta_{5j} * 工作年限 + r_{ij}$

组织层面:

$\beta_{0j} = \gamma_{00} + \gamma_{01} * EB_j + \gamma_{02} * 企业规模_j + u_{0j}$

$\beta_{1j} = \gamma_{10}$

$\beta_{2j} = \gamma_{20}$

$\beta_{3j} = \gamma_{30}$

$\beta_{4j} = \gamma_{40}$

$\beta_{5j} = \gamma_{50}$

注:雇主品牌分维度检验只需替换上述公式中的 EB_j 即可。

运行 HLM 软件,得出模型所设计的参数估计见表 6.9。

表 6.9　　　　　　员工创新行为的主效应分析

水平	变量	参数	因变量					
			EIB(M1)	EIB(M2)	EIB(M3)	EIB(M4)	EIB(M5)	EIB(M6)
个人层	性别	γ_{10}	0.044	0.047	0.05	0.039	0.049	0.045
	年龄	γ_{20}	0.066***	0.059**	0.047***	0.063**	0.059**	0.05**
	学历	γ_{30}	0.024	0.031	0.034	0.034	0.026	0.035
	职位	γ_{40}	0.149***	0.153***	0.164***	0.15***	0.163***	0.158***
	工作年限	γ_{50}	-0.105***	-0.1***	-0.102***	-0.101***	-0.102***	-0.103***
企业层	雇主品牌	γ_{01}	0.959***					
	薪酬福利			0.971***				
	工作安排				1.14***			
	个人发展					0.578***		

续表

水平	变量	参数	因变量					
			EIB (M1)	EIB (M2)	EIB (M3)	EIB (M4)	EIB (M5)	EIB (M6)
企业层	企业实力						0.723***	
	企业文化							1.002***
	企业规模	γ_{02}	0.032	0.145***	0.035	-0.034	-0.095**	-0.085**
		δ^2	0.194	0.194	0.194	0.195	0.194	0.194
		τ_{00}	0.036	0.047	0.081	0.056	0.073	0.058
	$R^2_{between}$		0.875	0.837	0.72	0.806	0.747	0.799
		χ^2	255.59 (***)	306.67 (***)	519.53 (***)	339.06 (***)	450.42 (***)	384.96 (***)

注：$R^2_{between}$ 表明该模型与零模型相比所能额外解释的组间方差比例；*** 表示 $p<0.001$，** 表示 $p<0.01$，* 表示 $p<0.05$，EIB 表示员工创新行为，M1—M6 表示 6 个模型。

从表 6.9 可知，年龄、职位、工作年限在各模型中不同程度与员工创新行为具有相关关系，再次表明添加上述控制变量是必要的；然企业规模、性别和学历对因变量几乎没有影响，故在有调节的中介效应检验模型和链式中介效应检验模型中不再引入。在控制了年龄、职位、工作年限等人口统计学变量后，雇主品牌对员工创新行为的跨层影响显著，研究的假设 1 得到验证。与此同时，我们进一步把雇主品牌分为薪酬福利、工作安排、个人发展、企业实力、企业文化等 5 个维度进行单独分析，结果显示，5 个维度都对员工创新行为有显著影响，验证了假设 1a、1b、1c、1d、1e。事实上，薪酬福利是企业带给员工的经济性好处，工作安排、个人发展是企业带给员工的功能性好处，企业实力、企业文化是企业带给员工的心理性好处，而经济性、功能性、心理性组合成了雇主品牌，从另外一个侧面验证了研究假设的合理性，同时验证了雇主品牌可由各维度相加构成的合理性。另外，模型 1 的 δ^2 值为 0.194，相比零模型减少了 10.18%，说明有 10.18% 的员工创新行为组内方差可被雇主品牌解释。此外，随机效应 $\tau_{00}=0.036$（$\chi^2=261.97$，df=19，$p<0.001$），相比零模型能额外解释的组间方差达到了 0.875，显示截距项变异成分显著，表明不

同的组间确实存在不同的截距,组织层面的雇主品牌对员工创新行为存在跨层影响。与此同时,从模型 2-6 的 $R^2_{between}$ 值我们可以看出,雇主品牌各维度对员工创新行为的跨层影响显著。

第三节　有调节的中介效应模型检验

一　工作幸福感中介效应检验

从第四章的理论假设可知,本研究除主效应外,还构建了如图 6.1 所示的有调节的中介效应研究假设。在这一研究框架中,雇主品牌是组织层面的变量,工作幸福感、员工创新行为、职业韧性是员工层面的变量,假设工作幸福感在雇主品牌与员工创新行为间具有中介作用,职业韧性在组织承诺之间起调节作用。

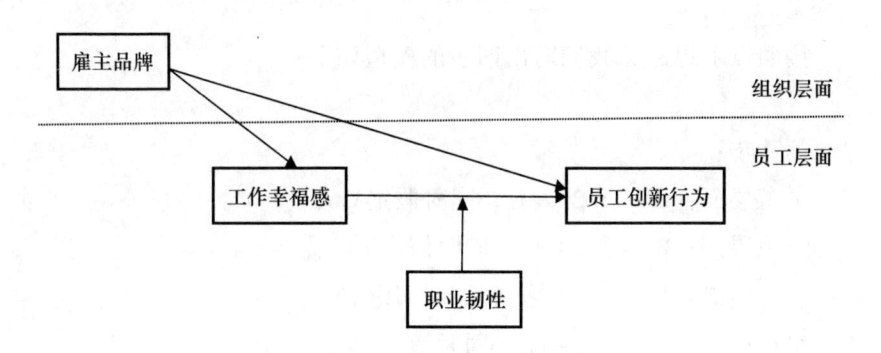

图 6.1　一个有调节的中介效应模型

从模型结构我们可以看出,本研究设计的中介模型是一个 2-1-1 型跨层中介模型。依据温忠麟、张雷、侯杰泰(2006)、Zhang(2009)及方杰(2010)等人的研究可知,2-1-1 型跨层中介分析原理与普通线性中介模型分析基本相同,但因为在分析自变量对因变量的直接效应以及因变量对中介变量的间接效应时牵涉到跨层,因而在处理步骤上略有不同。对如图所示的 2-1-1 型跨层中介效应分析,我们可以通过以下四个步骤进行:首先,要检验员工创新行为与工作幸福感在组织层面是否有显著差异,这是进行跨层分析的基础;

其次，做员工创新行为对雇主品牌和职业韧性的回归，只有当雇主品牌系数显著时方能进入下一步；再次，做工作幸福感对雇主品牌与职业韧性的回归，同样只有当雇主品牌系数显著时方能进入下一步；最后，做员工创新行为对雇主品牌、工作幸福感、职业韧性的回归，通过判断雇主品牌及工作幸福感的系数和显著程度去判断中介效应是否成立，倘若雇主品牌系数显著，但回归系数变小，说明是部分中介；若雇主品牌系数不显著，但工作幸福感系数显著，说明工作幸福感是完全中介。与此同时，根据 Hofmann & Gavin（1998）的建议，在研究中对个体层次变量进行总平均中心化处理，以提高截距的解释力。为避免多重共线性，对组织层面变量没有进行总平均中心化处理。同时考虑到性别和学历对员工创新行为的影响不显著，因而在控制变量选取时，本部分及后续的研究中只放入年龄、职位、工作年限三个控制变量。

按照以上思路，我们写出四步的模型如下：

第一步：
员工层面：$EIB_{ij} = \beta_{0j} + r_{ij}$，同时假定 $Var_{(r_i)} = \delta^2$
组织层面：$\beta_{0j} = \gamma_{00} + u_{0j}$，同时假定 $Var_{(u_{0j})} = \tau_{00}$
员工层面：$WH_{ij} = \beta_{0j} + r_{ij}$，同时假定 $Var_{(r_i)} = \delta^2$
组织层面：$\beta_{0j} = \gamma_{00} + u_{0j}$，同时假定 $Var_{(u_{0j})} = \tau_{00}$

第二步：
员工层面：
$EIB_{ij} = \beta_{0j} + \beta_{1j} * 年龄 + \beta_{2j} * 职位 + \beta_{3j} * 工作年限 + \beta_{4j} * CR_{ij} + r_{ij}$
组织层面：
$\beta_{0j} = \gamma_{00} + \gamma_{01} * EB_j + u_{0j}$
$\beta_{1j} = \gamma_{10}$
$\beta_{2j} = \gamma_{20}$

$\beta_{3j} = \gamma_{30}$

$\beta_{4j} = \gamma_{40}$

第三步：

员工层面：

$WH_{ij} = \beta_{0j} + \beta_{1j} * 年龄 + \beta_{2j} * 职位 + \beta_{3j} * 工作年限 + \beta_{4j} * CR_{ij} + r_{ij}$

组织层面：

$\beta_{0j} = \gamma_{00} + \gamma_{01} * EB_j + u_{0j}$

$\beta_{1j} = \gamma_{10}$

$\beta_{2j} = \gamma_{20}$

$\beta_{3j} = \gamma_{30}$

$\beta_{4j} = \gamma_{40}$

第四步：

员工层面：

$EIB_{ij} = \beta_{0j} + \beta_{1j} * 年龄 + \beta_{2j} * 职位 + \beta_{3j} * 工作年限 + \beta_{4j} * CR_{ij} + \beta_{5j} * WH_{ij} + r_{ij}$

组织层面：

$\beta_{0j} = \gamma_{00} + \gamma_{01} * EB_j + u_{0j}$

$\beta_{1j} = \gamma_{10}$

$\beta_{2j} = \gamma_{20}$

$\beta_{3j} = \gamma_{30}$

$\beta_{4j} = \gamma_{40}$

$\beta_{5j} = \gamma_{50}$

将上述模型依次放入 HLM 软件中，得表 6.10 所示结果。

表6.10　　　　　　　　　　中介效应检验分析

水平	变量	参数	因变量				
			EIB（M7）	WH（M8）	EIB（M9）	WH（M10）	EIB（M11）
个人层	年龄	γ_{10}			0.026	-0.014	-0.016
	职位	γ_{20}			0.125***	0.141***	0.077***
	工作年限	γ_{30}			-0.08***	-0.087***	-0.047**
	职业韧性	γ_{40}			0.398***	0.278***	0.292***
	工作幸福感						0.374***
企业层	EB_j	γ_{01}			0.849***	0.908***	0.506***
		δ^2	0.217	0.296	0.152	0.256	0.116
		τ_{00}	0.289	0.318	0.068	0.055	0.064
		$R^2_{between}$			0.765	0.827	0.778

注：$R^2_{between}$表明该模型与零模型相比所能额外解释的组间方差比例；*** 表示 $p < 0.001$，** 表示 $p < 0.01$，* 表示 $p < 0.05$，EB表示雇主品牌，EIB表示员工创新行为，WH表示工作幸福感，M7—M11表示5个模型。

从模型7和模型8的结果我们可以看出，员工创新行为及工作幸福感存在明显的组间差异；模型9表明在控制年龄、职位、工作年限等三个变量后，雇主品牌对员工的创新行为有跨层直接影响，再次验证本书的假设1；模型10说明在控制年龄、职位、工作年限等三个变量后，雇主品牌对员工工作幸福感有跨层直接影响，验证本书的假设2；模型11我们看出，加上中介变量工作幸福感后，工作幸福感对员工创新行为影响显著（$\gamma_{40} = 0.506$，$p < 0.001$），雇主品牌对员工创新行为的影响系数从0.849降为0.506，说明工作幸福感在雇主品牌与员工创新行为间有部分中介作用，假设3得到验证。

二　职业韧性调节效应检验

按照跨层检验调节效应的思路，要检验职业韧性的调节作用，我们需要做因变量员工创新行为对雇主品牌、工作幸福感、职业韧性及工作幸福感和职业韧性交互项的回归，若交互项系数显著，则说明职业韧性调节效应成立。按照这个思路，我们建立如下模型（M12）：

员工层面：

$EIB_{ij} = \beta_{0j} + \beta_{1j} * 年龄 + \beta_{2j} * 职位 + \beta_{3j} * 工作年限 + \beta_{4j} * CR_{ij} + \beta_{5j} * WH_{ij} + \beta_{6j} * CR_{ij} \times WH_{ij} + r_{ij}$

组织层面：

$\beta_{0j} = \gamma_{00} + \gamma_{01} * EB_j + u_{0j}$

$\beta_{1j} = \gamma_{10}$

$\beta_{2j} = \gamma_{20}$

$\beta_{3j} = \gamma_{30}$

$\beta_{4j} = \gamma_{40}$

$\beta_{5j} = \gamma_{50}$

$\beta_{6j} = \gamma_{60}$

对模型进行拟合，结果见表6.11。

表6.11　　　　　　　　职业韧性调节效应检验分析

自变量	年龄	职位	工作年限	CR	WH	WH×CR	EB	组内方差	组间方差	$R^2_{between}$
参数	γ_{10}	γ_{20}	γ_{30}	γ_{40}	γ_{50}	γ_{60}	γ_{01}	δ^2	τ_{00}	0.775
系数	0.01	0.065***	-0.033*	0.364***	0.372***	0.158***	0.516***	0.112	0.065	

注：$R^2_{between}$表明该模型与零模型相比所能额外解释的组间方差比例；*** 表示 $p<0.001$，** 表示 $p<0.01$，* 表示 $p<0.05$，WH 表示工作幸福感，CR 表示职业韧性，WH×CR 表示工作幸福感与职业韧性的交互项，模型因变量为员工创新行为。

从拟合结果我们可以看出，工作幸福感和职业韧性的交互项系数十分显著（$\gamma_{60}=0.158$，$p<0.001$），说明职业韧性在工作幸福感影响员工创新行为的过程中起显著的调节作用，因此假设4得到验证。

为了更直观地反映职业韧性在工作幸福感与员工创新行为关系中的调节效应，本研究根据 Aiken & West（1991）提供的交互作用图绘制方法绘制出如图6.2所示的交互作用图。从图6.2可以看到，与低职业韧性的员工相比，高职业韧性的员工创新行为的回归线较陡。在高职业韧性条件下，高工作幸福感的员工表现出的创新行为远高于低工作幸福感的员工；而在低职业韧性条件下，高工作幸福感和低工作幸福感的员工表现出的创新行为差异则相对较小。与此同时，不管员工处于高工作幸福感状态还是低工作幸福感状态，高职业韧性的员工表现出了更高的创新水平。以上分析充分表明，职业韧性在工作幸福感与员工创新行为的关系中起着显著的调节作用，即当员工的工作幸福感处于相同的水平时，高职业韧性的员工要比低职业韧性的员工更容易表现出高水平的创新行为，假设4再次得到验证。

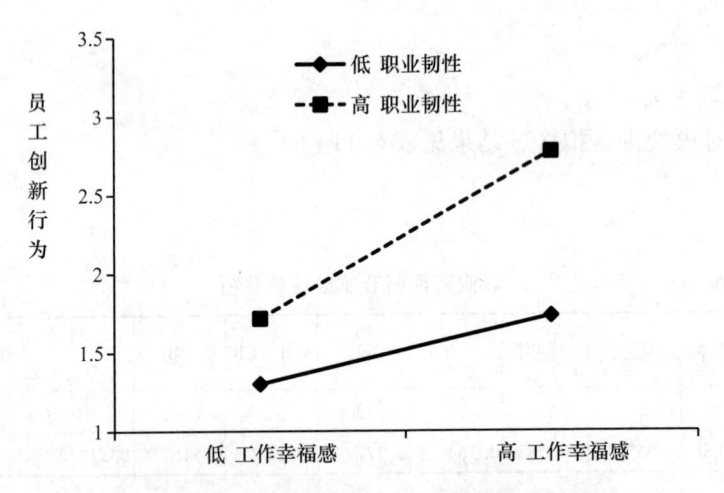

图6.2 职业韧性对工作幸福感与员工创新行为的调节作用

第四节 工作幸福感和工作投入的链式中介作用检验

一 理论模型

从第四章的理论假设可知，本研究构建了如图6.3所示的研究框架图。在这一研究框架中，雇主品牌是组织层面的变量，工作幸福感、工作投入、员工创新行为是员工层面的变量，假设工作幸福感、工作投入在雇主品牌与员工创新行为间具有链式中介作用。

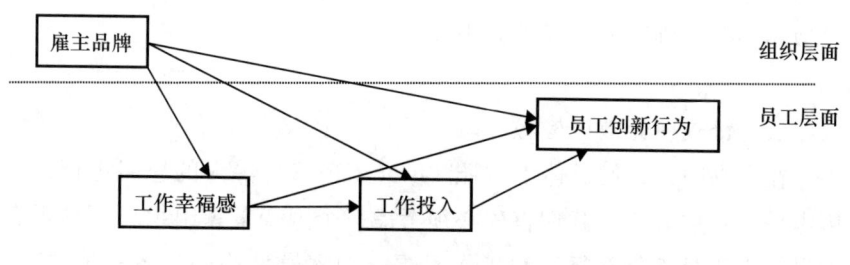

图 6.3　一个链式中介效应模型

按照 Taylor，Mackinnon & Tein（2008）的研究，对于如图 6.4 所示的链式中介效应模型，可以建立以下三个模型加以检验：

$$M_1 = \beta_{01} + \beta_1 X + \varepsilon_1 \quad (1)$$
$$M_2 = \beta_{02} + \beta_2 M_1 + \beta_5 X + \varepsilon_2 \quad (2)$$
$$M_3 = \beta_{03} + \beta_4 X + \beta_3 M_2 + \beta_6 M_1 + \varepsilon_3 \quad (3)$$

实际上，模型（1）是检验 X 对 M_1 的直接效应，模型（2）是检验 M_1 的中介效应，模型（3）是检验 M_1、M_2 的链式中介效应。在这个研究框架中，若模型（2）中 X 的系数不显著，而 M_1 的系数显著，则说明 M_1 在 X 与 M_2 中完全中介。若模型（2）中 X 的系数显著，则说明 M_1 在 X 与 M_2 中部分中介。同理，在模型 3 中，若 M_1 和 X 的系数都不显著，则说明 M_1、M_2 在 X 与 Y 间完全中介，若 M_1、M_2、X 的系数都显著，则说明 M_1、M_2 在 X 与 Y 间部分中介，此时间接效应为 $\beta_1 \beta_2 \beta_3 + \beta_1 \beta_6 + \beta_5 \beta_3$，直接效应为 β_4，总效应为 $\beta_1 \beta_2 \beta_3 + \beta_1 \beta_6 + \beta_5 \beta_3 + \beta_4$。若 M_1 系数不显著，则此时间接效应为 $\beta_1 \beta_2 \beta_3 + \beta_5 \beta_3$。倘若 $M_{2,1}$

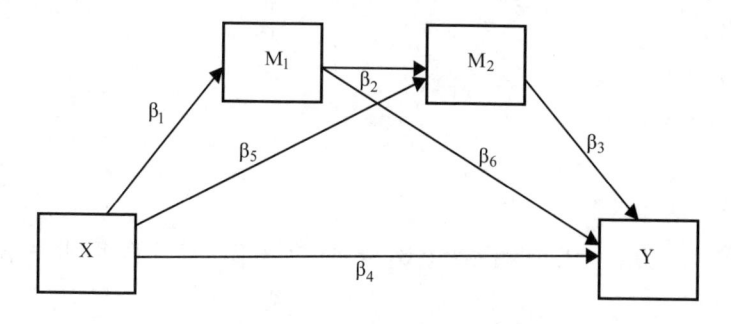

图 6.4　链式中介效应模型

系数不显著,则不能形成链式中介效应。

二 链式中介效应检验

在本书中,我们总体上按照 Taylor(2008)等人的思路进行,但因考虑到跨层效应,我们首先必须考虑三个因变量在组织层面是否有差异,由于员工创新行为和工作幸福感的零模型检验在本章第二节、第三节已经检验,所以在这部分只对工作投入进行检验;其次,在设置三个模型时,由于本项研究的变量存在于不同层面,因而三个模型的结构有所变化,都分为组织层面和员工层面的两种不同模型;再次,在控制变量选取时,同样考虑性别和学历对员工创新行为的影响不显著,因而只放入年龄、职位、工作年限三个控制变量;最后,为提高截距的解释力,我们对个体层次变量进行总平均中心化处理。为避免多重共线性,对组织层面变量没有进行总平均中心化处理。按照这种逻辑,分四步写出链式中介效应检验的基本模型如下:

第一步:

员工层面:$WE_{ij} = \beta_{0j} + r_{ij}$,同时假定 $Var_{(r_i)} = \delta^2$

组织层面:$\beta_{0j} = \gamma_{00} + u_{0j}$,同时假定 $Var_{(u_{0j})} = \tau_{00}$

第二步:

员工层面:

$WH_{ij} = \beta_{0j} + \beta_{1j} * 年龄 + \beta_{2j} * 职位 + \beta_{3j} * 工作年限 + r_{ij}$

组织层面:

$\beta_{0j} = \gamma_{00} + \gamma_{01} * EB_j + u_{0j}$

$\beta_{1j} = \gamma_{10}$

$\beta_{2j} = \gamma_{20}$

$\beta_{3j} = \gamma_{30}$

第三步:

员工层面:

$WE_{ij} = \beta_{0j} + \beta_{1j} * 年龄 + \beta_{2j} * 职位 + \beta_{3j} * 工作年限 + \beta_{4j} * WH_{ij} + r_{ij}$

组织层面:

$\beta_{0j} = \gamma_{00} + \gamma_{01} * EB_j + u_{0j}$

$\beta_{1j} = \gamma_{10}$

$\beta_{2j} = \gamma_{20}$

$\beta_{3j} = \gamma_{30}$

$\beta_{4j} = \gamma_{40}$

第四步：

员工层面：

$EIB_{ij} = \beta_{0j} + \beta_{1j} * 年龄 + \beta_{2j} * 职位 + \beta_{3j} * 工作年限 + \beta_{4j} * WH_{ij} + \beta_{5j} * WE_{ij} + r_{ij}$

组织层面：

$\beta_{0j} = \gamma_{00} + \gamma_{01} * EB_j + u_{0j}$

$\beta_{1j} = \gamma_{10}$

$\beta_{2j} = \gamma_{20}$

$\beta_{3j} = \gamma_{30}$

$\beta_{4j} = \gamma_{40}$

$\beta_{5j} = \gamma_{50}$

将上述模型依次放入 HLM 软件中，得表 6.12 所示结果。

表6.12　　　　　　　　链式中介效应检验分析

水平	变量	参数	WE（M13）	WH（M14）	WE（M15）	EIB（M16）
个人层	年龄	γ_{10}		0.036	0.02	0.039*
	职位	γ_{20}		0.168***	0.01	0.084***
	工作年限	γ_{30}		-0.105***	-0.025*	-0.054***
	工作幸福感	γ_{40}			0.505***	0.309***
	工作投入	γ_{50}				0.261***
企业层	雇主品牌	γ_{01}		0.969***	0.337***	0.423***
		δ^2	0.215	0.278	0.133	0.127
		τ_{00}	0.218	0.042	0.03	0.049
		ICC（1）	0.503	0.151	0.184	0.278

注：*** 表示 $p<0.001$，** 表示 $p<0.01$，* 表示 $p<0.05$。

从模型 13 结果可以看出，工作投入存在明显的组间差异，加上前面验证的员工创新行为及工作幸福感均存在明显的组间差异，因而总体上检验跨层链式中介是合理的；模型 14 表明在控制年龄、职位、工作年限等三个变量后，雇主品牌对工作幸福感有跨层直接影响，再次验证本书的假设 2；模型 15 说明，在控制年龄、职位、工作年限等三个变量后，雇主品牌不仅能直接影响员工的工作投入水平，而且工作幸福感在二者之间具有部分中介作用，假设 6、假设 7 得到验证；从模型 16 得知，工作投入直接影响员工创新行为，工作幸福感与工作投入在雇主品牌与员工创新行为间有链式中介作用，假设 8、假设 9 得到验证。同时，从表 6.12 还可以得出如下结果：在 $P<0.001$ 水平下，雇主品牌对员工创新行为的影响路径有 4 条。第一条路径是雇主品牌对员工创新行为的直接效应，影响系数为 0.423；第二条路径是通过工作幸福感的中介影响员工创新行为，间接效应为 0.969×0.309；第三条路径是通过工作投入的中介影响员工创新行为，间接效应为 0.337×0.261；第四条路径是通过工作幸福感、工作投入的链式中介影响员工创新行为，间接效应为 $0.969\times0.505\times0.261$，总效应为 $0.423+0.969\times0.309+0.337\times0.261+0.969\times0.505\times0.261=0.938$，这个结果和第二节雇主品牌对员工的直接效应 0.959 是基本一致的。

第七章 研究结果讨论与相关建议

第一节 研究结果讨论

一 雇主品牌对员工创新行为影响分析

研究证实了员工感知的雇主品牌对员工创新行为的积极驱动作用。在知识经济时代，科技企业员工越来越重视自己在工作中的主观体验，越来越看重企业的功能性、情感性及经济性的承诺，当雇员感知到雇主履行了他们自己的价值承诺时，个体的内在动机和工作热情将被激发，产生科技企业期望的创新行为。研究结果再次证实了人力资源管理活动对企业绩效的积极影响，从一定程度上肯定了战略人力资源管理的积极作用。事实上，人力资源管理学者一直在努力证明人力资源管理实践究竟能否提高组织的各种绩效。Lado（1994）通过对企业实际运营数据的梳理，验证了人力资源管理实践活动对企业财务绩效和市场价值等之间的积极影响。Huselid（1995）以单个雇员为样本，分析了组织在实施高绩效工作实践后，发现单个雇员其销售额、市场价值和利润分别增加了 27044、18461、3814 美元，这些结论很好地促进了人力资源管理实践及高绩效工作系统的发展。雇主品牌作为一种人力资源服务产品的高级形态，当它形成品牌效应时，它像产品品牌一样，不仅仅蕴含产品的平均利润，而且会承带高附加值，产生溢出效应，推动员工主动去参与组织创新实践。这一结论是对 Lado（1994）、Huselid（1995）等人研究的补充，同时也证实了企业进行雇主品牌建设的重要性。

在雇主品牌 5 个维度中，工作安排、企业文化及薪酬福利对员工创新行为的影响分列第一、二、三位，而企业实力和个人发展维度位于第四、第五。研究结果充分说明职位分析和企业文化建设的重要性，在这个被称为"压力的时代"背景下，个体总是在积极、维持和构建他们的宝贵资源，防止个体资源遭受损失。理想雇主提供了一份与员工能力相匹配的工作，能够兼顾家庭—工作平衡，给员工以尊重，赋予充分的自主权，这些都有利于防止员工资源失衡，避免耗费大量资源进行内部调节，让员工感到一种轻松感和幸福感，从而激发个体创新行为的迸发；与此同时，提供给员工较好的薪酬福利也是激发员工创新行为的重要因素，因为这不仅仅满足个体的生理性和功能性需求，更是个体能力的外在体现。

二 工作幸福感与工作投入的链式中介作用分析

研究证明了工作幸福感与工作投入在雇主品牌影响员工创新行为间的链式中介作用，雇主品牌既可以直接影响员工的工作幸福感和工作投入行为，又可以通过它们二者的中介作用间接影响员工创新行为，同时还可以通过雇主品牌—工作幸福感—工作投入—员工创新行为这条路径影响员工创新行为，研究结果在一定程度上打开了雇主品牌影响员工创新行为的"黑箱"。作为一种积极组织行为，创新是众多组织期待的行为，也是企业获得竞争优势的关键所在。在今天激烈的"红海"市场环境下面，通过有效的管理而降低企业总运营成本的方式已经很难取得突破，企业唯有在其经营领域通过产品创新、技术创新或者战略创新以取得差异化才能获取竞争优势。而要想取得创新，核心在于企业的微观主体——人的积极性、主动性和创造性的激发，这也是本书选取工作投入作为一个重要变量的原因。在员工基本生理需求、安全需求得到满足的情况下，员工更需要自主、胜任和关系等方面的需求。理想的雇主，通过合理的工作安排、较好的个人发展和良好的企业文化等给员工较好的工作体验，满足员工的自主、胜任和关系等需求，使员工在工作中获得更多满足感和幸福感，从而激发员工更多的组织积极行为，在工作中表现出更大的投入行为，迸发出组织期待的创新行为。事实上，幸福感越高的个体越自信，越相信自己有能力顺利完成工作中的各种小目标，这种成功的经历促使个体在工作中越容易创新，结果和戴颖（2011）、李锡元等（2014）的研究结果是一致的。

另一方面，好的雇佣体验意味着个体感知到有更多的工作资源和较少的工作需求，个体不需要耗费大量的内在资源进行情绪调节，因而降低个体陷入丧失螺旋的可能性；与此同时，企业积极的人力资源管理实践不断发展员工能力，个体获取资源和守护现有资源的能力越强，个体在工作中越自信，从而引致员工增值螺旋的产生，因而个体在工作中不易产生倦怠，相反表现出更大的活力。这个研究结果和Demerouti、Schaufeli等人的研究结果是一致的。Demerouti（2001）研究得出，当员工在工作过程获得的工作资源越多，个体的内在动机就越强，就越容易在工作中投入更多的时间和精力。Schaufeli等人（2004）研究得出个体资源是多样的，除物质和经济等资源外，心理性资源和功能性资源都有利于员工工作的投入。雇主品牌作为雇主提供给员工经济性、功能性和心理性的利益组合，从生理、心理上使员工得到更多的满足感，从而个体感知工作资源充足，从内心深处觉得自我意义感、充沛感得到提升，从而在工作中愿意投入时间和精力去对现有工作流程进行思考，尝试各种新思路和新方法去提高工作效率，产生更多的创新行为。

三 职业韧性的调节作用分析

研究发现了职业韧性在工作幸福感与员工创新行为间的调节作用，在相同的工作幸福感状态下，拥有更高职业韧性的个体比职业韧性较低的个体有更多的创新行为。事实上，创新是对原有生产程序、工艺及管理流程的一种颠覆，它并不是一朝一夕之功，需要持之以恒的毅力和决心，因而职业韧性显得尤为重要。在科技企业中，知识化、年轻化一代是企业的主力军，他们对自由、美好、受人尊重的生活有更高的向往，个体也容易从工作中获得快乐和意义感，但这个群体在吃苦耐劳方面稍有欠缺，因而对他们的职业韧性加以训练对管理具有重要意义。心理学理论告诉我们，个体的职业韧性水平不是一成不变的，组织可以通过个体职业韧性的训练和培养来改善员工的职业韧性水平，从而改变员工的创新能力和创新水平，进而提高组织的竞争优势。

第二节 相关建议

一 加强企业雇主品牌建设

从研究结论可知，雇主品牌不仅可以提高雇员的工作幸福感和工作投入水平，而且能促进员工创新行为的产生，这对于管理实践具有重要意义。在互联网时代，不管企业是否建设雇主品牌，雇主品牌都有形无形地存在于内外劳动力市场，深深地影响着企业的竞争优势。2017 年中国人力资本管理大会相关组织产出的调研结果表明，最佳雇主企业在盈利一项上就比一般雇主企业的盈利高出 23.2%，在利润方面，最佳雇主的利润增长率高出一般企业 41%，相反，在员工流失率比较上，最佳雇主企业比一般雇主企业低 26%。这个数据充分说明雇主品牌同样可以实现商业目的，带来竞争优势。因此对企业来说，加强雇主品牌建设变得尤为迫切。领英发布的《2015 年招聘趋势报告》中显示近 9 成的中国雇主认可雇主品牌战略可以赢得竞争优势，然而对于如何建设雇主品牌、监测雇主品牌的健康度，一半以上的企业都不得而知，可以说是"心已远却身未动"。从与部分人力资源管理者的访谈也得知，企业想建设雇主品牌，但高层管理者并不重视，预算不够，要想建成差异化的雇主品牌困难重重。鉴于此，本书拟借助市场营销学的知识，运用品牌建设四步法（品牌定位、品牌个性塑造、品牌形象推广传播及品牌形象建设与维护）去建设雇主品牌：

（一）精准定位雇主品牌价值

雇主品牌本质上表达的是一种价值主张，企业通过对这个凝练出来的主张在企业内外部持续有效的发力、传播和沟通，最终形成雇主品牌。员工价值主张既包含提供的工作场所、薪酬等功能性收益和承诺，也包含许多从工作本身得到内在满足感、得到尊重和认同等无形的心理性收益，是公司的典型文化、愿景和价值观的体现。像完美世界的"有梦、有趣、有你"、美国西南航空公司的"欢迎登上你人生的航班，这里不只是职业，更是事业"、默沙东的"与默俱进福天下"、飞亚达公司的"让员工快乐工作，快乐学习，快乐生活，在个人成长与发展的同时，与团队分享知识与情感"、腾讯公司的"以关心员工的成长为唯一管理理念"等，均清晰地向员工传递出了企业的价值主张，给雇主品牌建设定下了基本格调（朱勇国、丁雪峰等，2015）。但我们也要看到，雇主品牌不是口号，关键是要将愿景和现实结合起来，从理性的理解入手，激发员工从感性上参与雇主品牌建设，最终从心理上对雇主价值主张进行接纳，并从行动上去支持企业的建设。好的价值定位能给企业人才管理的选、用、育、留等带来竞争优势，就像可口可乐的雇主品牌建设就是以"尊重人，成就人，使人走向真正意义上的自我实现"为基本价值定位，其人力资源管理系统重点在建构"公平公正"的管理环境，让员工能够得到比较体面的报酬，有上升发展的无限想象空间，有支持其发展的能力培训体系，因而员工对组织的认同度和满意度都较高（丁一和吕学静，2013）。对国内众多企业来说，长期以来，价值观过于强调对组织特征的描写及组织对人、对客户的一些要求，如注重质量、提高效率、客户至上、敬业、进取等，这些价值主张往往忽视了员工的内心体验，忽视了如何处理组织和员工之间的关系等内容，因而很多时候难以得到员工的认同（曲庆，2016）。满意的员工才可能有高质量的顾客服务，缺乏员工认同的组织其雇主品牌的质量是可想而知的。因此，企业雇主品牌建设应聚焦于雇主与员工关系，将价值定位于尊重、关心、信任员工的基础之上，关注员工工作体验，从塑造良好雇佣关系角度去制定各项政策、制度及开展各种人力资源管理实践，从而通过雇主品牌建设来获得超额附加价值。

（二）走差异化的雇主品牌之路

在社交网络时代，雇主品牌建设如何避免同质化现象，这对大多数企业来说都是一道难题，特别是对于一批知名度不高的企业来说，如何将其价值主张传递给内外部员工更是难上加难。因此，企业首先要正确有效衡量，以终为始，通过掌握内部员工的满意度、忠诚度和敬业度，找准员工的真正需求，建立雇主品牌KPI体系，出台相应的人力资源管理政策和制度。对企业来说，要打造一个有生命力的雇主品牌，必须以员工为核心，以体验为基础，与期望相结合，从员工所感受到的企业文化、个人发展机会、薪酬福利待遇、工作安排状况等方面去打造有特色的雇主品牌。对大多数企业来说，建立有吸引力的企业文化，建立基于员工能力提升和发展的培训体系，提高工作本身的吸引力等都是雇主品牌建设努力的方向。就如完美世界为履行"有趣、有梦、有你"的价值主张，董事长池宇峰全过程参与雇主品牌建设工作，积极践行"绝不亏待员工、绝不埋没人才、绝不怠慢工程"的价值承诺，建立创新人年薪百万、团队千万级分红等激励体系，提供富有挑战性和趣味性的工作，提供"完美家庭亲子日""完美生活心理辅导"，实现"企业—员工—家属"三位一体的良性互动关系，将企业文化理念和价值观变成员工的真实体验，依靠内部团队的力量，打造出了与众不同的雇主品牌体系。然我们也应该看到，雇主品牌建设的内容是多方位的、全面的，很难面面俱到。对绝大多数企业来说，只能从众多因素中选取几个点进行重点建设，建构有别于竞争对手的鲜明特色，形成独特的、有差异的雇主品牌。

（三）加强雇主品牌的沟通传播

作为企业的一种人才管理战略，雇主品牌建设最重要的工作就是要让员工感知到企业的努力状况，从学者们的研究结果看，国内一部分企业描述公司的广阔前景时承诺得多，但落实较少，让员工认为是面子工程，与自己没有多大关系；一部分企业做了许多努力，但没有将行动与雇主品牌建设项目联系起来，缺乏雇主品牌传播意识，雇主品牌的识别、竞争和增值功能没有得到充分发挥。因此，对国内企业来说，做好与员工的沟通，做好同外界媒体的沟通，积极传播雇主品牌形象势在必行。第一，要让员工参与到雇主品牌的建设中，要和员工多交流雇主价值主张，要将雇主品牌和EVP可视化，通过内部的海报、宣传册、广告等展示雇主品牌印象，要通过内部网络、职工故事等积极宣传企业的雇主品牌战略，同时将价值主张融入企业管理的各个流程环节，通过员工的理性理解、感性投入到转变自己的行为，形成良好的内部口碑。第二，积极参与"智联招聘""中国雇主品牌研究中心"等第三方举办的雇主品牌评选活动，提高企业社会参与度，向员工和社会传播积极的雇主品牌形象。Dineen & Allen（2016）的研究结果说明，企业积极参与第三方举办的雇主品牌评选活动有利于企业雇主品牌战略，能够吸引优秀人才加盟，能够提高员工的保持率。对国内很多企业来说，雇主品牌活动还停留在口号和想法阶段，很多企业缺乏实际执行人，大部分没有多少预算，因而也没有真正参与到第三方"最佳雇主"系列评选活动中。第三，善用社交媒体宣传雇主品牌。在社交网络时代，微信、微博、领英、知乎、抖音等社交媒体工具进入了大多数人的生活中，造成信息转发、传播量的指数级增长。在这样的环境下，社交媒体成为了营销新的工具，我们企业的管理者应该主动适应这种变化趋势，可以在领英、知乎等媒体上宣传企业的雇主品牌战略，领导者也可以自己开辟微博、微信等通道进行传播，依靠"粉丝经济""粉丝效应"来打造雇主品牌形象，积极运营公司雇主品牌战略。

（四）与企业品牌、商业品牌互相助力、共同发展

作为战略人力资源管理的一部分，企业雇主品牌的核心就是改变员工的认知、态度和行为，最终提高组织绩效。在这一点上，雇主品牌和企业品牌、商业品牌尽管面对的利益相关者不一样，但本质是一致的，商业品牌考虑到是消费者的价值主张，雇主品牌考虑到是员工的价值主张，这都是企业的核心价值。对消费者为什么要购买企业的产品或者服务的思考，同样也是对员工为什么要提供这样的服务的一个思考，正如可口可乐首席营销官说的"要想让顾客接受你的品牌，就必须让员工接受你的品牌"，满意的员工才有满意的顾客。因此，雇主品牌建设要统一思想，打破边界，融雇主品牌理念于企业战略之中，和企业品牌、商业品牌互相助力，协调发展。具体来说：第一，雇主品牌价值理念要和企业的价值取向一致，要将对员工的要求融入企业价值观中，让员工觉得自己是"同道同行"，内心产生出奋进的、自信的、欢快的等积极情绪。第二，人力资源部门要和市场营销

部门共同努力，建立统一的品牌目标任务。作为雇主品牌建设者，我们经常要问我们是否充分应用了营销学原理？要思考员工价值主张和用户价值主张是否反映了同样的品牌基因？是否遵循了品牌漏斗的流程？人力资源团队与市场营销团队是否做到了密切配合？人才获取与营销活动是否有效结合起来？只有将商业品牌和雇主品牌有效结合，将企业外部和内部体验结合起来，雇主品牌才能发挥力量。第三，要与业务部门紧密配合，打造由内而外的雇主品牌。雇主品牌很大程度上是向潜在求职者传递真实的企业形象是什么，这样就要求在打造过程中与业务部门一致，用真实数据、真实人物、真实场景才有说服力。因此，人力资源部门要尽量和生产、技术等部门紧密配合，真正去了解员工的情感需求，打造真实的雇主品牌形象，由内而外，取得员工的认同。

总之，在新雇主经济时代，微博、微信等新媒体工具极大地拉近了企业与员工之间的距离，同时也给员工带来了更多表达情感、诉求及口碑传播的机会，因而关注员工体验，搞好内部营销，通过员工的口口传播雇主品牌比以往变得更加重要。与此同时，关注新生代员工的多样化需求，注重员工的自我价值实现，积极开展差异化的雇主品牌建设是企业不可回避的一项重要内容。

二 注重多维度提升员工工作幸福感

从研究结果我们得知，在工作中体会到更多幸福感的员工，其在工作中不仅表现出更多的投入行为，而且个体创新意愿也更强，越容易产生较多的创新行为。依据 Amabile 创造力成分理论模型，领域相关技能、创造相关技能及自我动机是影响员工创新行为的重要个体因素，其中自我动机更是创造力激发的源泉，它既包含了个体对工作的基本态度，更包含了个体对他从事该工作理由的认知。工作幸福感低的个体对目前工作的认识是消极的，很少去主动熟悉工作领域的事实、原理、范例等知识，对工作领域的基本技能也不会去深入钻研，也不会去接受产生新观念的新知识等，因而个体很难有创新行为的产生。相反，工作幸福感高的个体在工作中体会到了更多的快乐情绪，对目前的工作总体上是满意的，具有更多的自我价值的实现机会，他们希望通过对工作流程及工艺等改进来维护自身的满意感，因而在工作中愿意去积极创新。因此对组织来说，从工作幸福感的三个层次：工作满意感、工作中拥有的快乐情绪和价值感三个维度去提升员工的幸福水平，有利于企业培育竞争优势。

(一)提高员工的工作满意度

工作满意度指的是个体从工作或工作结果中获得满足的程度（Dessler, 1980），它是个体根据其参考架构对于工作特征加以解释后得到的结果，是工作幸福感的基础。影响工作满意度的因素很多，早期的学者们从期望理论、公平理论、双因素理论、领导理论等多个不同视角展开了研究，得出工作本身、公平的待遇、领导方式、良好工作环境及人际关系均是影响员工工作满意度的重要因素（黄春生，2004）。近年来，工作自主权、员工的积极归因（才国伟和刘剑雄，2013）、企业社会责任形象（张爱卿，吕昆鹏和钱振波，2010）等均对员工工作满意度有正向影响。因此，对企业雇主品牌建设来说，依托雇主品牌内涵开展员工满意度提升工作是可取的。具体来说，可以通过以下几种方式进行：一是建立自助式、多样化、相对公平的报酬机制，提高薪酬福利的激励作用，使之更契合新知识青年的多样化需求；二是提高工作本身的吸引力和挑战性，让工作本身能体现个体价值，能够让人不觉得疲惫，个体能在工作岗位上游刃有余，工作方式相对灵活，工作能给人尊重感，能给予员工较大的自由裁量权力，个体能在工作资源和需求上获得平衡；三是企业重视支持性、平等型文化建设，企业表里如一，重承诺，守信用，管理者与员工之间的权力距离短，员工之间信息交流畅通，人与人之间关系和谐，愿意分享知识和不同的理念；四是企业建立有员工职业生涯规划制度，能结合企业战略和个体需求开展各种培训和进修活动，提升员工知识领域和创造领域的技能，注重员工可迁移技能的培养，同时能在日常积极引导员工进行正面归因，提升工作满意度；五是有企业品牌、商业品牌和雇主品牌一体化的品牌战略，管理者能够利用有限的资源去加强企业内涵建设，注重员工口碑和感受，能努力营造负责任的企业形象，提高企业的知名度和美誉度。

（二）提升员工的快乐感

工作幸福感是一个多维度的概念，既包含员工的认知，又涵盖员工的积极情感。工作满意度是员工幸福体验里面的认知成分，而快乐则是构成了工作幸福感情感成分的重要内容。因此，对企业来说，注重员工的情感体验也是不可忽视的一个重要内容。按照李小新和叶一舵（2010）的观点，快乐很多是短暂的和阶段性的，因而快乐的激发相比员工满意度来说简单很多，个体少许需要的满足就能让个体感到快乐，但假如个体在工作中拥有的快乐情绪体验越多，个体的工作幸福感就越高。早期对个体快乐的解释往往基于萨缪尔森的快乐方程式（快乐＝物质/欲望），认为改变个体的工作幸福感有两种途径，一是提高个体对物质需要的满足程度，二是想法降低个体的欲望要求。但随着对快乐研究的不断深入，学者们发现必须综合考虑个体主客观需要才能更好地解释快乐，单纯收入仅能解释快乐因素的2%左右，所有客观因素也只能解释快乐因素的20%左右，必须要把其他心理因素综合考量进来。因此，在本书中，我们认为快乐＝各种需要/欲望，对组织来说，一是可以通过员工价值主张去提供给个体更多选择性菜单，从情感和心理上去更多满足各种不平衡和不充分的矛盾，这也是新雇主经济时代雇主品牌建设的新内涵所在；二是可以通过营造温馨的组织气氛，加强与员工之间的情感交流，培养员工爱、感恩和坚持等优秀品质，降低员工一些不切实际的甚至是和现实脱节的欲望，提高员工的快乐主观感知。事实上，感恩、爱、坚持等优质品质已经被学者证明与快乐高度相关（Christopher & Willibald，2007）。

（三）帮助员工实现自我价值

从幸福的哲学基础可知，幸福是快乐和自我价值实现的统一，自我价值的实现是工作幸福感中持久和深刻的部分，它能在较长一段时间内影响个体的心理和行为，是工作幸福感的最高表现形式。按金盛华老师的观点，个体的自我价值目标是多样化的，有的个体崇尚追求事业成功，有的个体追求和谐人际关系，而有的个体则崇尚金钱和权力。不同个体在工作中表现出不同的价值取向，但不管哪种价值取向，其核心目标还是一致的，就是个体希望在组织中能够充分发挥和表现他们的潜能，最终实现自己的目标。因此，对企业来说，与员工多交流沟通，主动了解员工的心理诉求，和员工一起制订好职业生涯规划，明确各阶段的任务，在工作中给予员工更多的关心和支持，帮助个体提升完成阶段目标的工作能力，最终促使员工个人目标的实现，这对提升员工工作幸福感具有重要意义。

总之，工作幸福感是一个综合的概念，它是主观与客观的统一，快乐与意义的统一。对企业来说，一方面要通过各种需要的满足来提高员工的快乐体验，另一方面也帮助员工实现他们的价值追求，也只有这样，员工才能真正感受到幸福，产生更多有益组织的行为。

三 增强对员工职业韧性的培养

从职业韧性的理论综述及本书的实证结果可知，职业韧性是个体面对工作压力及不乐观或恶劣的职业环境时跳回或弹回的能力，它有利于个体克服职业压力和职业障碍，提高个体的工作满意度、工作幸福感、工作投入水平及工作绩效等。职业韧性是个体一种良好的品质特征，它易受个体人格特质、组织环境、职业认同及社会支持等因素的影响，因此对企业来说，对个体的职业韧性水平进行干预和培养，提高他们的职业韧性水平具有重要意义。

（一）帮助个体塑造积极健康的人格特质

个体韧性水平的高低与个体的内在力量密切相关，积极、乐观、自省、自控、高自我效能、成就动机等优秀品质与职业韧性水平正相关（许诺等，2007）。因此，企业可以从塑造积极健康的人格特质入手，提高个体的内在心理力量。具体来说，可以采取以下四种手段和方式：第一，树立榜样。从企业内部选取积极乐观、百折不挠且创新成绩显著的员工，对他们的典型事迹进行宣传，利用榜样的示范力量来影响其他员工，培养员工积极乐观的工作态度及不折不挠的高尚品质。第二，成就动机培养。个体在工作中不时取得成就有助于职业韧性的形成，部门领导和个体共同进行目标管理，帮助个体把长远目标合理划分为可以企盼的阶段性目标，遇到困难时给予适当的指导和帮助，促进个体自我效能感的提高。第三，在新员工中建立职业导师制，对员工的生活、工作进行近距离的指导，帮助新员工认知到自己的优势和不足，帮助他们建立良好的自我意识和自省习惯，并有意识地锻炼他们的意志和毅力，塑造良好的个人品格。第四，积极开展员工帮助计划（EAP），对那些需要心理疏导的员工进行指导，培养健康的人格。

（二）塑造支持的管理环境

关系网络、风险承担、独立性、持续学习、自我效能及灵活性等是学者们用来衡量员工职业韧性的一些常见维度，从这些对职业韧性维度的定位中我们可以看出，职业韧性的培养离不开组织的支持。因此，企业应该去积极塑造支持的管理环境，提高员工职业韧性的外部支持力度。具体来说，本项研究认为可以从以下五个方面展开：一是采用包容性管理模式，当前来说，新生代员工已经逐步成为企业的有生力量，尊重已经超越了有竞争力的薪酬，因此增强对员工价值性管理，加强员工之间交流沟通，提升员工的心理意义感和安全感，增强其对职业的认同感至关重要。二是管理过程突出"以人为本"，关注员工心理过程，鼓励员工积极创新，给员工试错的机会和空间，通过不断挑战失败和克服困难，从实践中提升员工的职业韧性水平。三是工作安排时给员工更多的自由量裁权，让员工在自己的职权范围内有更多的机会进行自主决策，解决工作中出现的挑战和麻烦，培养他们的独立性和灵活性，提高员工的韧性水平。四是通过各种短、长期培训去提高员工持续学习的能力，提高员工人力资本的积累水平，变更多的危险因素为挑战性因素，提高员工的自我效能感。五是控制工作中的压力因素，不要给予员工过高的工作要求，通过适度的工作压力水平来逐步提升员工的职业韧性水平。

（三）采用科学方法提升员工职业韧性水平

个体职业韧性水平除了从内部人格特质和外部支持力量予以干预外，我们还可以通过一些科学方法去进行培养。在组织管理实践中，职业履历法（career portfolio）及情景模拟法是提高个体职业韧性水平的常用方法。职业履历法是对个人经历进行深刻反思，找出自己在工作中的优势及存在的不足，然后针对未来工作目标进行知识、技能评价的一种方法。该方法通过再现工作历程，引导个体进行自我反省和思考，帮助个体提高工作自信心，进而促进自身韧性水平的提高（Szymanski，1999；Borgen，Amundson & Reuter，2004）。情景模拟法是测评个体心理素质和潜在能力的一种方法，最初常用于人才测评和招聘，近年来在职业韧性培养中得到了有效运用。该方法通过有针对性的设计各种场景，让员工去扮演不同的角色，在完成角色任务过程中训练个体的自信心、耐心及抗挫力等与职业韧性密切相关的素质，最终促进个体职业韧性的提升。这两种方法原理均不复杂，不足之处就是需要专业人员现场操控，所花费的人力、物力都较多，因此在实践中我们可以用来对一些关键岗位的从业人员进行重点培训，提高实效性。

四 设法提高员工的工作投入水平

工作投入作为一种以专注、活力、奉献为特征的积极情绪状态，与工作产出密切相关。学者们从不同视角验证了它对员工出勤率、顾客满意度及组织绩效等的积极作用，本项研究从雇主品牌角度得出了它对员工创新行为的积极影响。因此对企业来说，想方设法提高员工的工作投入水平，激发员工的工作积极性、主动性是企业内部管理的重心所在。从文献综述可知，员工的投入水平受资源及心理等多种因素的影响，组织既可以从自我动机理论出发，改善员工的内在动机去促使个体主动提高投入水平；也可以从工作资源—需求模型出发，提高员工的工作资源供给，减少工作需求感知，提高个体与环境的契合度。本书基于此基础，建议从重视员工内在动机的激发、提高员工与企业的契合度及合理利用工作要求—资源模型等三个方面去提高员工的投入水平。

（一）重视员工内在动机的激发

在组织与管理实践中，表扬、奖品、奖金、荣誉等外部因素可以吸引、激励、诱发员工，成为促进他们积极活动的动力源泉，然而，如果员工的行为目的仅仅是为了获得奖赏或逃避惩罚，那么当外在刺激消失或者减弱时，员工的工作热情和积极性会受到很大的影响，甚至会低于最初的水平。工作投入作为一种积极的心理状态也一样，如果员工的这种投入状态单单是为了奖赏或逃避惩罚，那么对组织来讲并不是一件好事情。内在动机是因为工作本身对员工有意义、能够实现自我价值，因而相比外在动机更加持久和稳定。内在动机与个体价值观及工作本身等因素有关，对组织来说，我们可以从以下三个方面来强化员工的内在动机。一是在人员招聘及管理人员选拔方面注重对员工价值观的考察，多选用关注自身能力与成长的、关注自主独立等性格特征的员工，少选用过度追求安全与舒适感的员工，因为实证已经证明能力与成长型及地位与独立型工作价值观与员工工作投入正相关，而舒适与安全价值观与工作投入负相关（任华亮，杨东涛和李群，2014）；二是企业文化建设中重视积极价值观的建设，引导员工追求能力与成长，引导员工把注意力放在工作流程的改进和创新想法的产生上面，激发员工的内在动机；三是对工作本身进行再设计，使工作变得更有挑战性、多样性和自主性，让员工觉得完成工作就是一种自身价值实现的过程，因而个体自愿在工作中投入更多的时间和精力，从而实现个体与组织的双赢。

（二）提高员工与组织的契合度

Maslach 等（2001）人的研究表明，当个体觉得其工作量与其体力及能力、工作决策与其工作中所能获得的信息、组织的目标和期望与个体的理想和动机控制、感知的平等、关系、回报和个体的需要等 6 个方面的匹配度越高，员工的投入水平就越高。因此，对组织来说，可以从 6 个方面去提高员工与组织的契合度。一是选人、用人上尽可能做到"人职匹配"，使个体的体力、能力、知识结构与所从事的职位和工作岗位适宜度更高；二是提高员工的决策参与程度，编制方便员工决策的工作信息读本，降低员工的决策时间和成本，提升员工的科学决策能力和水平；三是增进与员工的交流沟通，了解员工的动机和需求水平，同时结合企业的愿景、价值观、战略等，尽量实现双赢；四是做薪酬、培训、提拔等制度设计及执行操作时，尽可能做到透明、公开,提高员工感知公平的水平;五是营造宜人的组织文化,尽量简化各种不必要的程序,减少组织内部人员之间交流沟通成本,提高办事效率;六是建立一揽子奖励政策,通过物质及精神等多途径方式,提升员工的工作回报感知,满足其各种不同的需要,最终促进员工工作投入水平的提高。

(三)合理利用工作要求—资源模型

工作要求—资源模型是解释个体工作是否投入的重要理论模型。当个体在工作中感知更多的自主、绩效反馈、社会支持等,当个体感知用于更多的组织和个人资源时,个体往往更愿意在工作中投入。因此,合理利用工作要求—资源模型,提高员工的工作投入水平对组织来说具有积极的意义。具体来说,可以从以下几个方面开展工作:一是开展工作要求—资源调研,了解员工对组织的期望及现有工作条件及工作资源方面的一些不足之处,能短期改进的方面就及时加以改进,先解决员工的一些保健因素,没有不满意才有可能投入;二是加强对管理人员的培训,鼓励他们及时帮助那些需要帮助的员工,对员工的工作绩效进行正向反馈,给予员工更多的赞赏和许可,让员工感觉有存在感、重要感,按社会交换理论,员工会以更多的工作投入来回报组织;三是合理分解和设计工作绩效目标,提高目标的可达成度,降低员工感知的需要付出的生理和心理成本,减少员工的工作压力,从另外一个方面来促进员工的工作投入水平。

第八章 主要贡献、研究局限与展望

第一节 本研究的主要贡献

一 本研究的理论贡献

党的十九大报告指出:"要在中高端消费、创新引领、绿色低碳、共享经济、现代供应链、人力资本服务等领域培育新增长点,形成新动能。"本书创新性地提出雇主品牌对员工创新行为的正向驱动作用,为企业的创新之路找到了一个新的突破口。在大众创业、万众创新的新时代,企业比任何时候都期待员工积极主动地创新,企业的人力资源管理实践也被寄予了新的期待。然而,理论界并没有真正回答到底怎样的人力资源管理实践才有利于员工创新行为的激发,不同学者间的争论更加加深了实践界的疑惑。首先,本研究通过探索性访谈、理论推演及实证检验,推导出只有当企业人力资源管理实践形成雇主品牌后才能对员工创新行为产生积极影响,不仅拓展了雇主品牌研究边界,而且为员工创新行为找到了一个新的影响因素。

其次,研究依据认知—情感—行为的研究逻辑,挖掘出了工作幸福感和工作投入两个影响员工创新行为的中介变量,从一定程度上完善了工作幸福感及工作投入的相关研究。第一,在压力偏大的当下中国社会里,工作和生活幸福是每一个人追求的主题,然而因为工作幸福感的特殊结构和特征,完全解构幸福的内涵很难。本研究从综合视角出发,认为幸福是快乐与意义的统一,应该从增加工作中的快乐体验及自我实现两个方面入手,提高员工的工作幸福感。雇主品牌正是从员工体验出发,既注重工作过程中的积极情绪体验,又从员工能力成长满足自我价值实现，能促进员工工作幸福感的形成，从理论上补充了工作幸福感的相关研究。第二，研究基于工作资源模型，从增值螺旋及损耗螺旋视角阐释了雇主品牌对员工投入行为的影响，丰富了资源保存理论的相关研究。再次，美国心理学家迪纳曾通过20多年的调查研究，阐释了幸福的员工寿命更长，工作也更努力，工作生活更具有创造性。本研究通过实证研究得出雇主品牌影响员工创新行为的4条驱动路径，是对迪纳等人研究结果的有益补充。

再次，研究得出职业韧性在工作幸福感与员工创新行为间的调节作用，从个体特质的角度验证了其对员工创新行为的影响，是对传统过程视角的一种突破；与此同时，传统对职业韧性的研究更多是基于自变量或者因变量，而本研究把它作为调节变量，研究其是否具有溢出效应，从某种意义上是对职业韧性研究边界的拓展。

最后，研究建立的雇主品牌通过工作幸福感、工作投入等中介作用影响员工创新行为实现模型，从一定意义上打开了雇主品牌对组织创新的"黑箱"，拓展了雇主品牌的研究边界，为进一步研究组织创新提供了视角。

二 本研究的实践贡献

通过实证研究，本书验证了所建构的研究框架和假设，在对研究结论分析的基础上得到了一些新的启示，这对管理实践有所帮助。

首先，研究验证了员工感知的好雇主标准包含工作安排、薪酬福利、企业文化、企业实力及个人发展五个维度，这为雇主品牌的构建提供了很好的方向。作为企业人力资源管理者，可以从这五个维度中去选取符合企业现有价值观的一个或者多个维度进行雇主品牌建设，提高员工的工作体验，最终实现雇主品牌效应。

其次，雇主品牌直接影响员工的工作幸福感，这对"幸福企业"的构建具有重要意义。"幸福企业"不在于企业的口号喊得多么响亮，重要的是考虑员工的真实感受，履行好企业对员工的承诺，很好地满足员工的功能性和情感性利益，以终为始，扎扎实实开展雇主品牌各项建设活动，"幸福企业"就容易建成。

最后，研究还发现雇员的年龄和工作职位对其创新行为有正向影响，工作年限对员工创新行为有负向影响，而企业性质、性别与学历影响不显著，这不仅从另外一个层面揭示了员工创新行为驱动因素的多样性，而且对管理实践具有重要作用。对管理者来说，关注员工的个人发展，拓宽员工的职业晋升通道，提升个体的知识和技能储备，在中国情境下是具有重要现实意义的。与此同时，要关注企业老员工的心理感受，要通过知识更新和岗位轮换等激发他们的活力，防止职业天花板效应。另外，在人才选拔时也不应该唯学历论，而应该多注重员工的职业韧性等内在品质，多关心他们的学习和成长能力。

第二节　研究局限与展望

本书遵循科学的研究范式，运用多层分析模型对雇主品牌影响员工创新行为的过程机制进行了较为深入的思考，挖掘出了工作幸福感和职业韧性两个重要中介变量，并验证了职业韧性的调节作用，研究结果具有一定的理论意义和实践意义。然而由于笔者在知识、经验及研究能力等方面的不足，研究还存在一定的局限性，需要在后续跟踪研究中进一步完善和发展。

一　研究局限

（一）雇主品牌的测量。雇主品牌作为企业提供给员工利益性、功能性及心理性的一种组合，所涉及的内容相当丰富，加上又有内外部雇主品牌的区分，因而在对它的测量上分歧很大。本研究因为侧重研究它对内部员工创新行为的影响，同时考虑到被调查对象的时间成本，所以在研究中选用了张宏（2014）开发的量表作为初始量表进行考量。尽管该量表在探索性访谈时也出现了一些新的构成因素，如企业社会责任方面的考量，但本书为了避免开发新的量表时所带来的更大误差，因而在量表选用时没做大的修改，虽然后续研究验证未做修改的量表的信度和效度还是不错的，但从科学性的角度讲还是存在误差的。

（二）同源方差问题。在本次研究过程中，尽管我们为了尽量减少同源误差，把同一问卷分成了企业层面和员工层面两份问卷，由不同的人在同一时间或相同的人在不同时间填写，但由于本项问卷所涉及的题目都是一些与企业或者个人积极因素有关的变量，因而很难避免社会称许性问题，这个从同源方差检验的情况看还是有一定的影响的，这也是本研究的一个局限所在。

（三）研究样本的局限性。由于本项研究调查的是科技企业，首先样本的选择约束条件就比较强，再加上个人资源及精力的局限，因而样本的选择大都集中在自己同学、朋友等熟人圈子内，同时，朋友们在帮忙时很多也是找他们的熟人，因而样本的覆盖范围有一定的局限性，在一定程度上可能会影响研究结果的推广性。

（四）研究方法的局限性。本研究因为采用的是多层线性模型HLM，其对处理数据要求的是显变量，但本书所研究的几个变量均是潜变量，因而在计算变量值时均是采用潜在测量项的平均值，这个会给实际结果带来一定的误差，但目前理论界在这一点上也还没有开发一种像EQS、AMOS等能直接对潜变量进行处理的工具，这也是下一步可以去研究的课题。

二　未来研究展望

在新的经济常态下，面对经济减速、经济转型及消化前期经济刺激政策所带来的压力，创新对中国企业的意义比以往任何时候都变得重要。与此同时，随着员工工作目标的改变，雇主品牌成了企业更加迫切的需求。本研究尝试把二者结合起来，验证了雇主品牌对员工创新行为的影响，丰富了雇主品牌的研究内容，给雇主品牌建设又找到了一个合法性依据。研究结论对中国企业的实践具有较强的理论意义和实践意义，在未来还有很大研究空间。

（一）研究结论的推广问题。员工创新作为组织的积极因素，其究竟属于角色内行为还是角色外行为的边界越来越模糊。本项研究尽管验证了科技企业雇主品牌对员工创新行为的正向影响，但这个结论是否具有普适性还需进一步去求证。

（二）雇主品牌对组织创新的影响问题。个体创新行为只有转变为组织创新才能最终提高组织的竞争力，那么我们这个研究能否延伸到组织创新。假如结论成立的话，不仅有利地解决了员工创新行为因自我报告法导致的误差问题，而且也能从根本上推动企业雇主品牌的建设问题。

（三）中介变量的考量问题。本书从新时代员工追求幸福的目标入手，探讨了工作幸福感这一个重要中介变量的作用机制。然而雇主品牌影响是多方位的，应该既能对组织层面的变量产生影响，又能对员工层面的变量产生影响，那么在未来的研究中我们可以从组织层面和员工层面去挖掘更多的变量，进一步拓展我们的研究空间。

（四）调节变量的考量问题。本书仅考虑了员工层面的工作韧性对工作幸福感与员工创新行为的影响，随着研究的深入，我们可以从组织层面多考虑几个变量，研究更多的调节变量对其中间行为的影响，就比如企业性质，对组织层面的变量是否具有调节作用等，这些都需要在今后的工作中去证实。

附录 A 调查问卷

尊敬的先生/女士：

　　感谢您在百忙之中参与和协助我们完成此次问卷调查，本问卷研究的目的在于了解您企业及您自身工作的一些状况，为科学管理提供基本的依据。此次调查仅供学术使用，问卷不记名，答案并无对错之分，请您根据自己及自己所在的企业实际情况逐项填写以下问卷项目，谢谢您的合作。该项调查纯属于学术研究，不涉及其他用途。

　　第一部分：请您根据实际情况在"您的选择"栏中填上您的答案（1—5 中的某一具体数字）（说明：此部分问卷采用五点计分法。数字"1"代表"完全不符合"，数字"2"代表"较不符合"；数字"3"代表"一般"；数字"4"代表"比较符合"；数字"5"代表"完全符合"。如下表）。

题　目	完全不符合	较不符合	一般	比较符合	完全符合	您的选择
1 我们企业员工的薪酬与绩效挂钩	1	2	3	4	5	
2 我们企业尽量满足员工的福利要求	1	2	3	4	5	
3 我们企业工资水平比其他同行企业要高一些	1	2	3	4	5	
4 我们企业当员工工作与家庭发生冲突时，企业能体谅并给予方便和照顾	1	2	3	4	5	
5 我们企业员工能得到应得的报酬	1	2	3	4	5	
6 我们企业能根据员工的实际能力安排合适的工作内容	1	2	3	4	5	
7 我们企业能为员工提供必要的工作设备	1	2	3	4	5	

续表

题　目	完全不符合	较不符合	一般	比较符合	完全符合	您的选择
8 我们企业能保证员工在工作中的健康与安全	1	2	3	4	5	
9 我们企业能为员工提供稳定的工作	1	2	3	4	5	
10 我们企业安排的工作能给员工带来成就感	1	2	3	4	5	
11 我们企业实行岗位轮换制度	1	2	3	4	5	
12 我们企业为员工提供国外工作和生活的机会	1	2	3	4	5	
13 我们企业员工在企业拥有充分的晋升空间	1	2	3	4	5	
14 我们企业为员工提供持续的培训机会	1	2	3	4	5	
15 我们企业的知名度很高	1	2	3	4	5	
16 我们企业具有很强的影响力	1	2	3	4	5	
17 我们企业的规模较大	1	2	3	4	5	
18 我们企业的产品创新能力较强	1	2	3	4	5	
19 我们企业在同行业中的排名靠前	1	2	3	4	5	
20 我们企业乐于与员工进行沟通，给予员工足够的发言权	1	2	3	4	5	
21 我们企业充分肯定员工所得的成绩	1	2	3	4	5	
22 我们企业赋予员工充分的自主权	1	2	3	4	5	
23 我们企业充满友善的文化氛围	1	2	3	4	5	
24 我们企业中拥有良好的上下级关系	1	2	3	4	5	

第二部分：请您根据实际情况在"您的选择"栏中填上您的答案（1—5中的某一具体数字）

题　目	完全不同意	较不同意	一般	比较同意	完全同意	您的选择
1 我会去关注工作、部门、单位或市场中不常出现的问题	1	2	3	4	5	
2 我会去寻找可以改善单位、部门、工作流程或服务等方面的机会	1	2	3	4	5	
3 我会对工作中出现的问题提出新的构想或者新的解决方法	1	2	3	4	5	

续表

题 目	完全不同意	较不同意	一般	比较同意	完全同意	您的选择
4 我会从不同的角度看待工作中的问题,以获得更深入的见解	1	2	3	4	5	
5 我会去试验新的构想或新的解决方法	1	2	3	4	5	
6 我会去评估新构想或新办法的优缺点,选择最佳解决方案						
7 我会主动去推动新构想并使其有机会被实施	1	2	3	4	5	
8 我会尝试说服他人了解新构想或者新解决方法的重要性	1	2	3	4	5	
9 我会冒着风险以支持新构想或者新方法	1	2	3	4	5	
10 我会去从事可能对单位产生益处的改变	1	2	3	4	5	
11 当应用新方法于工作流程、技术、产品或者服务时,我会设法修正新方法所产生的毛病	1	2	3	4	5	
12 我会将新的构想和方法应用到日常工作中去改善工作流程、技术、产品或服务	1	2	3	4	5	
13 我的工作让我感觉幸福	1	2	3	4	5	
14 我对我的工作状况感到满意	1	2	3	4	5	
15 我的工作比较理想	1	2	3	4	5	
16 迄今为止,我已经得到了我希望在工作中拥有的那些重要东西	1	2	3	4	5	
17 要是我能重新选择,我也不愿意改变	1	2	3	4	5	
18 工作中我充满活力	1	2	3	4	5	
19 工作中我感到精力充沛	1	2	3	4	5	
20 我对我的工作充满热情	1	2	3	4	5	
21 我的工作能够激励我	1	2	3	4	5	
22 我认真工作时感觉很开心	1	2	3	4	5	
23 我专注于我的工作	1	2	3	4	5	

第三部分：请您根据实际情况在"您的选择"栏中填上您的答案（1—6中的某一具体数字）

题 目	非常不同意	不同意	有点不同意	有点同意	同意	非常同意	您的选择
1 发现自己在工作中陷入了困境，能想出很多办法摆脱出来	1	2	3	4	5	6	
2 我认为任何问题都有很多解决方法	1	2	3	4	5	6	
3 工作中遇到挫折时，总是很快从中恢复过来，并继续前进	1	2	3	4	5	6	
4 在工作中，我无论如何都会去解决遇到的难题	1	2	3	4	5	6	
5 如果有某项工作不得不去做，可以说，我也能独立应战	1	2	3	4	5	6	
6 我通常对工作中的压力能泰然处之	1	2	3	4	5	6	
7 因为以前经历过很多磨难，所以我现在能挺过工作上的困难时期	1	2	3	4	5	6	
8 在我目前的工作中，我感觉自己能同时处理很多事情	1	2	3	4	5	6	
9 工作中发生不利的事情，我认为是暂时的和有办法解决的	1	2	3	4	5	6	

第四部分：此部分是有关您个人的一些基本资料，请您根据实际情况在每道题的最右边方框中填上您的答案（1—5中的某一具体数字）。

1. 性别：（1）男　（2）女　　　　　　　　　　　　　　　[　]
2. 年龄：（1）25岁及以下　（2）26—30岁　（3）31—35岁
（4）36—40岁　（5）41岁及以上　　　　　　　　　　　[　]
3. 学历：（1）大专以下　（2）大专　（3）本科　（4）硕士
（5）博士　　　　　　　　　　　　　　　　　　　　　　[　]
4. 职位：（1）普通员工　（2）基层管理人员　（3）中层管理人员　（4）高层管理人员　　　　　　　　　　　　　　　[　]
5. 您在现企业的任职时间：（1）1年以下　（2）1—2年
（3）3—5年　（4）6—10年　（5）11年及以上　　　　　[　]

6. 您所在企业规模：（1）100人及以下　　（2）101—500人
（3）501—1000人　（4）1001人以上　　　　　　　　[　]

7. 您所在企业性质：（1）国企　　（2）民企　　（3）外企
（4）其他　　　　　　　　　　　　　　　　　　　　[　]

附录 B 计算 $r_{wg(j)}$ 值小程序

AGGREGATE
　/OUTFILE = ´D：\ rwgout. sav´
　/PRESORTED
　/BREAK = id
　/x1_ sd = SD（EB1）
　/x2_ sd = SD（EB2）
　/x3_ sd = SD（EB3）
　/x4_ sd = SD（EB4）
　/x5_ sd = SD（EB5）
　/x6_ sd = SD（EB6）
　/x7_ sd = SD（EB7）
　/x8_ sd = SD（EB8）
　/x9_ sd = SD（EB9）
　/x10_ sd = SD（EB10）
　/x11_ sd = SD（EB11）
　/x12_ sd = SD（EB12）
　/x13_ sd = SD（EB13）
　/x14_ sd = SD（EB14）
　/x15_ sd = SD（EB15）
　/x16_ sd = SD（EB16）
　/x17_ sd = SD（EB17）
　/x18_ sd = SD（EB18）

/x19_ sd = SD（EB19）
/x20_ sd = SD（EB20）
/x21_ sd = SD（EB21）
/x22_ sd = SD（EB22）
/x23_ sd = SD（EB23）
/x24_ sd = SD（EB24）
/N_ BREAK = N.
EXECUTE.
get file = D：\ rwgout. sav'.
COMPUTE varx1 = x1_ sd * x1_ sd.
EXECUTE.
COMPUTE varx2 = x2_ sd * x2_ sd.
EXECUTE.
COMPUTE varx3 = x3_ sd * x3_ sd.
EXECUTE.
COMPUTE varx4 = x4_ sd * x4_ sd.
EXECUTE.
COMPUTE varx5 = x5_ sd * x5_ sd.
EXECUTE.
COMPUTE varx6 = x6_ sd * x6_ sd.
EXECUTE.
COMPUTE varx7 = x7_ sd * x7_ sd.
EXECUTE.
COMPUTE varx8 = x8_ sd * x8_ sd.
EXECUTE.
COMPUTE varx9 = x9_ sd * x9_ sd.
EXECUTE.
COMPUTE varx10 = x10_ sd * x10_ sd.
EXECUTE.
COMPUTE varx11 = x11_ sd * x11_ sd.

EXECUTE.
COMPUTE varx12 = x12_ sd * x12_ sd.
EXECUTE.
COMPUTE varx13 = x13_ sd * x13_ sd.
EXECUTE.
COMPUTE varx14 = x14_ sd * x14_ sd.
EXECUTE.
COMPUTE varx15 = x15_ sd * x15_ sd.
EXECUTE.
COMPUTE varx16 = x16_ sd * x16_ sd.
EXECUTE.
COMPUTE varx17 = x17_ sd * x17_ sd.
EXECUTE.
COMPUTE varx18 = x18_ sd * x18_ sd.
EXECUTE.
COMPUTE varx19 = x19_ sd * x19_ sd.
EXECUTE.
COMPUTE varx20 = x20_ sd * x20_ sd.
EXECUTE.
COMPUTE varx21 = x21_ sd * x21_ sd.
EXECUTE.
COMPUTE varx22 = x22_ sd * x22_ sd.
EXECUTE.
COMPUTE varx23 = x23_ sd * x23_ sd.
EXECUTE.
COMPUTE varx24 = x24_ sd * x24_ sd.
EXECUTE.
COMPUTE
mvar = mean（varx1，varx2，varx3，varx4，varx5，varx6，varx7，varx8，varx9，varx10，varx11，varx12，varx13，varx14，varx15，

varx16, varx17, varx18, varx19, varx20, varx21, varx22, varx23, varx24).

 EXECUTE.

 COMPUTE scale = 5.

 EXECUTE.

 COMPUTE dim_num = 24.

 EXECUTE.

 COMPUTE e Qeq = (scale * scale − 1) /12.

 EXECUTE.

 COMPUTE Rwg_item = (dim_num * (1 − (mvar/Qeq))) / (dim_num * (1 − (mvar/Qeq)) + (mvar/Qeq)).

 EXECUTE.

参考文献

中文文献

才国伟、刘剑：《归因、自主权与工作满意度》，《管理世界》2013年第1期。

曹科岩、刘兰平：《高校教师职业韧性的结构与测量》，《心理研究》2015年第8期。

曹霞、瞿皎姣：《资源保存理论溯源、主要内容探析及启示》，《中国人力资源开发》2014年第15期。

陈绒伟、董福荣：《员工工作幸福感形成机制及其提升策略》，《企业活力》2012年第8期。

丁一、吕学静：《雇主品牌构建与战略人力资源优化——以可口可乐雇主品牌构建为例》，《中国流通经济》2013年第10期。

董奇：《心理与教育研究方法》，北京师范大学出版社2004年版。

方杰、邱皓政、张敏强、方路：《我国近十年来心理学研究中HLM方法的应用述评》，《心理科学》2013年第5期。

方杰、张敏强、邱皓政：《基于阶层线性理论的多层级中介效应》，《心理科学进展》2010年第8期。

方卫平、李元旭：《论雇主品牌与雇主品牌管理》，《经济管理》2006年第9期。

顾远东、彭纪生：《创新自我效能感对员工创新行为的影响机制研究》，《科研管理》2011年第9期。

冯冬冬、陆昌勤、萧爱铃：《工作不安全感与幸福感、绩效的关系：

自我效能感的作用》，《心理学报》2008 年第 4 期。

韩翼、杨百寅：《真实型领导、心理资本与员工创新行为：领导成员交换的调节作用》，《管理世界》2011 年第 12 期。

何立、凌文辁：《领导风格对员工工作投入的作用：组织文化和组织认同的影响》，《战略决策研究》2012 年第 5 期。

何洁：《高绩效人力资源实践如何激发员工创造力：自我决定视角》，《当代经济管理》2013 年第 4 期。

贺爱忠：《雇主名牌：新世纪企业人力资源管理的战略创新》，《湖南社会科学》2002 年第 5 期。

胡少楠、王咏：《工作投入的概念、测量、前因与后效》，《心理科学进展》2014 年第 12 期。

胡三嫚、钟华：《工作不安全感、自我感知可雇佣性与工作幸福感的关系》，《中国临床心理学杂志》2015 年第 2 期。

侯杰泰、温忠麟、成子娟：《结构方程模型及其应用》，教育科学出版社 2004 版。

黄春生：《工作满意度、组织承诺与离职倾向相关研究》，博士学位论文，厦门大学，2004 年。

黄亮：《中国企业员工工作幸福感的维度结构研究》，《中央财经大学学报》2014 年第 10 期。

黄亮：《工作幸福感与员工创新绩效关系研究述评》，《商业时代》2013 年第 25 期。

黄亮、彭璧玉：《工作幸福感对员工创新绩效的影响机制——一个多层次被调节的中介模型》，《南开管理评论》2015 年第 2 期。

黄培伦、徐新辉：《全面薪酬的价值整合机制探析》，《经济与管理》2007 年第 1 期。

皇甫刚、刘鹏、司茗鹏等：《雇主品牌的模型构建与测量》，《北京航空航天大学学报（社会科学版）》2012 年第 1 期。

蒋建武、赵曙明：《战略人力资源管理与组织绩效关系研究的新框架：理论整合的视角》，《管理学报》2007 年第 6 期。

金盛华：《社会心理学》，高等教育出版社 2010 年版。

靳丽华：《职业韧性：大学生就业压力应对的新角度》，《太原师范学院学报（社会科学版）》2010 年第 2 期。

李锐、凌文：《工作投入研究的现状》，《心理科学进展》2007 年第 2 期。

李霞、谢晋宇、张伶：《职业韧性研究述评》，《心理科学进展》2011 年第 7 期。

李小新、叶一舵：《快乐心理研究述评》，《福建师范大学学报（哲学社会科学版）》2010 年第 2 期。

李燕萍、徐嘉：《基于组织认同中介作用的集体主义对工作幸福感的多层次影响研究》，《管理学报》2014 年第 2 期。

李锡元、冯熠、周璨、陈思：《科技人才角色压力、工作幸福感与工作投入的关系研究——职业韧性的调节作用》，《科技与经济》2014 年第 2 期。

李旭培、时雨、王桢、时勘：《抗逆力对工作投入的影响：积极应对和积极情绪的中介作用》，《管理评论》2013 年第 1 期。

李永周、王月、阳静宁：《自我效能感、工作投入对高新技术企业研发人员工作绩效的影响研究》，《科学学与科学技术管理》2015 年第 2 期。

［美］利比萨廷、马克舒曼等著：《雇主品牌》，邱绪萍译，华夏出版社 2008 年版。

梁钧平、李晓红：《象征性个人与组织匹配对雇主吸引力的影响——一项对雇主品牌象征性含义的研究》，《南开大学商学评论》2006 年第 7 期。

领英中国智库：《人才吸铁石——用"MAGNET 原则塑造最强雇主品牌"》，人民邮电出版社 2017 年版。

刘戈：《雇主品牌如何让员工拥有幸福感（上）》，《中外管理》2008 年第 5 期。

刘戈：《雇主品牌如何让员工拥有幸福感（下）》，《中外管理》2008 年第 6 期。

林琳、时勘、萧爱铃：《工作投入研究现状与展望》，《管理评论》

2008年第3期。

卢小君、张国梁：《工作动机对个人创新行为的影响研究》，《软科学》2007年第6期。

罗利、周天梅：《中学生感恩与主观幸福感的关系：抗挫折能力与社会支持的中介作用》，《心理发展与教育》2015年第4期。

苗元江：《工作幸福感概观》，《经济管理》2009年第10期。

潘杨：《高校教师职业认同、组织认同与创新行为研究》，博士学位论文，西南财经大学，2014年。

齐义山：《知识型员工创新行为的心智模式研究》，《中国科技论坛》2010年第1期。

钱白云、苏倩倩、郑全全：《组织创新气氛与中小企业员工创新行为：工作投入的中介作用》，《人类工效学》2011年第2期。

曲庆：《虚实之道——如何让企业文化真正落地》，《清华管理评论》2016年第6期。

任华亮、杨东涛、李群：《工作价值观和工作投入的关系——基于工作监督的调节效应》，《经济管理》2014年第6期。

宋国学：《职业生涯韧性的结构维度：本土化研究》，《经济管理》2011年第11期。

宋旭琴、向鑫：《品牌理论研究综述》，《商业时代》2006年第33期。

孙敏：《员工投入现象的本质、特征和机制研究》，博士学位论文，华南理工大学，2012年。

［美］托马斯·W. 李（Thomas W. Lee）：《组织与管理研究的定性方法》，吕力译，北京大学出版社2014年版。

王永悦、段锦云：《人力资源实践对员工创新行为的影响——心理契约破裂的中介作用及上下级沟通的调节作用》，《心理科学》2014年第1期。

魏农建、冀丽俊：《信息沟通缺陷下的品牌管理》，《上海大学学报（社会科学版）》2005年第2期。

王贵军：《心理契约感知与员工创新行为》，博士学位论文，武汉大学，2011年。

王佳艺、胡安安:《主观工作幸福感研究述评》,《外国经济与管理》2006年第8期。

王文新、杜晨朵、孙健敏:《雇主品牌:概念、结构、影响因素和实施效果》,《中国人力资源开发》2017年第2期。

王先辉、段锦云等:《员工创造性:概念、形成机制及总结展望》,《心理科学进展》2010年第5期。

王晓莉:《工作幸福感与员工创新行为的关系研究——工作家庭冲突的调节作用》,《企业经济》2015年第4期。

王艳子、罗瑾琏:《组织自尊对员工创新行为的影响研究》,《华东经济管理》2011年第7期。

温忠麟、张雷、侯杰泰:《有中介的调节变量和有调节的中介变量》,《心理学报》2006年第3期。

吴明隆:《问卷统计分析实务——SPSS操作应用》,重庆大学出版社2010年版。

吴治国、石金涛:《员工创新行为触发系统分析及管理启示》,《中国软科学》2007第3期。

[美]约瑟夫·熊彼特:《经济发展理论》,何畏等译,商务印书馆1991年版。

徐宁、李普亮:《人力资源管理与员工工作幸福感:理论与实证分析》,《科技管理研究》2013年第17期。

徐尤龙:《基于品牌理论的旅游目的地口号资产价值研究》,博士学位论文,云南大学,2014年。

徐万彬:《山东省高校体育教师工作满意度和工作投入及其相关研究》,《德州学院学报》2012年第4期。

晁罡、程鹏、张水英:《基于员工视角的企业社会责任对工作投入影响的实证研究》,《管理学报》2012年第6期。

杨杜等:《管理学研究方法》,东北财经大学出版社2013年版。

杨晶照:《员工创新行为的激发——组织因素与个人因素的互动》,中国社会科学出版社2012年版。

杨艳军、杨吉华:《基于雇主品牌理念的战略人力资源管理》,《湖南工程学院学报》2008年第1期。

叶海英、刘耀中：《战略人力资源管理综述——基于三个理论和三个视角》，《中国市场》2010年第18期。

尹奎、刘永仁：《职场排斥与员工离职倾向：组织认同与职业生涯韧性的作用》，《软科学》2013年第4期。

于岩平：《饭店业雇主品牌战略的管理研究》，《社会科学家》2004年第1期。

袁凌、李建、贾玲玲：《基于资源保存理论的企业员工工作投入研究》，《东北师大学报（哲学社会科学版）》2014年第4期。

赵书松、张要民、周二华：《我国高校雇主品牌的要素与结构研究》，《科学学与科学技术管理》2008年第8期。

姚艳虹、周惠平、李扬帆、夏敦：《伦理型领导对员工创新行为的影响》，《统计与信息论坛》2015年第2期。

张爱卿、吕昆鹏、钱振波：《企业社会责任形象与员工工作满意度及组织公民行为的关系》，《经济管理》2010年第8期。

张宏：《雇主品牌对工作产出的影响机制研究》，博士学位论文，吉林大学，2014年。

张弘、曹大友：《雇佣保障对员工创新行为的影响——组织支持感的中介作用》，《南京邮电大学学报（社会科学版）》2014年第2期。

张雷、雷雳、郭伯良：《多层线性模型应用》，教育科学出版社2003版。

张剑、张建兵、李跃、Deci：《促进工作动机的有效路径：自我决定理论的观点》，《心理科学进展》2010年第5期。

张剑、张微、宋亚辉：《自我决定理论的发展及研究进展评述》，《北京科技大学学报（社会科学版）》2011年第4期。

张瑞娟、孙健敏、王震：《承诺型人力资源管理实践、员工工作投入与创新行为的关系》，《重庆大学学报（社会科学版）》2014年第4期。

张正堂、刘宁：《战略性人力资源管理及其理论基础》，《财经问题研究》2005年第1期。

赵进华、刘进才:《企业雇主品牌建设研究》,《现代人才》2008年第1期。

赵樱璐:《人力资源管理实践、雇主品牌吸引力与员工敬业度研究》,硕士学位论文,华东理工大学,2012年。

邹琼、佐斌、代涛涛:《工作幸福感:概念、测量水平与因果模型》,《心理科学进展》2015年第4期。

周晖、侯慧娟、马瑞:《企业雇主品牌吸引力及其形成机理研究》,《商业研究》2009年第11期。

周勇、张慧:《雇主品牌与员工忠诚度的相关分析》,《创新》2010年第4期。

郑培兴、吴红林:《员工幸福感与当代煤炭企业职业思想政治工作——以章村煤矿为研究对象》,中国矿业大学出版社2012年版。

朱飞、王震:《中国背景下雇主品牌的结构和测量——基于新生代求职者的研究》,《经济管理》2012年第12期。

朱飞、王震、赵康:《象征性信息还是功能性信息更有效?雇主品牌对初次求职者的影响研究》,《经济管理》2016年第1期。

朱勇国、丁雪峰:《互联网时代的雇主品牌管理》,中国劳动社会保障出版社2015年版。

朱勇国、丁雪峰:《中国雇主品牌蓝皮书Ⅲ 2009中国雇主品牌年度报告》,中国经济出版社2010年版。

朱勇国、乔春燕:《揭开"雇主品牌"的面纱》,《人力资源》2008年第12期。

英文文献

Abstein, A., "Spieth P. Exploring HRM meta-features that foster employees' innovative work behaviour in times of increasing work-life conflict", *Creativity & Innovation Management*, Vol. 23, No. 2, 2014, pp. 211-225.

Ahmad, K. Z. and Veerapandian, K., "The mediating effect of person-environment fit on the relationship between organisational culture and job satisfaction", *International Journal of Psychological Studies*, Vol. 4, No. 1, 2012, pp. 91 – 102.

Alarcon, G. M. and Edwards, J. M. "The relationship of engagement, job satisfaction and turnover intentions", *Stress & Health*, Vol. 27, No. 3, 2011, pp. 294 – 298.

Amabile, T. M., Barsade, S. G. and MuellerJ, S. and Staw, B. M., "Affect and creativity at work", *Administrative Science Quarterly*, Vol. 50, No. 3, 2005, pp. 367 – 403.

Amabile, T. M., Conti, R. and Coon, H., "Assessing the work environment for creativity", *Academy of Management Journal*, Vol. 39, No. 5, 1996, pp. 1154 – 1184.

Ambler, T. and Barrow, S., "The employer brand", *Journal of Brand Management*, Vol. 4, No. 3, 1996, pp. 185 – 206.

Anderson, N., Potocnik, K. and Zhou, J., "Innovation and creativity in organizations: A state-of-the-science review, prospective commentary, and guiding framework", *Journal of Management*, Vol. 40, No. 1, 2014, pp. 1297 – 1333.

Annouk, L. and Rudy, M., "New service teams as information-processing systems: Reducing innovative uncertainty", *Journal of Service Research*, Vol. 3, No. 1, 2000, pp. 46 – 65.

Aryee S., Walumbwa, F. O., Zhou, Q. and Hartnell, C. A., "Transformational leadership, innovative behavior, and task performance: Test of mediation and moderation processes", *Human Performance*, Vol. 3, No. 2, 2012, pp. 1 – 25.

Avey, J. B., Luthans, F. and Smith, R. M., "Impact of positive psychological capital on employee well-being over time", *Journal of Occupational Health Psychology*, Vol. 15, No. 1, 2010, pp. 17 – 28.

Backhaus, K. and Tikoo, S., "Conceptualizing and researching employer branding", *Career Development International*, Vol. 9, No. 5, 2004, pp. 501 – 517.

Bakker, A. B. , Albrecht, S. L. and Leiter, M. P. , "Key questions regarding work engagement", *European Journal of Work & Organizational Psychology*, Vol. 20, No. 1, 2011, pp. 4 – 28.

Bakker, A. B. and Demerouti, E. , "Towards a model of work engagement", *Career Development International*, Vol. 13, No. 3, 2008, pp. 209 – 223.

Bakker, A. B. , Demerouti, E. and ten Brummelhuis, L. L. , "Work engagement, performance, and active learning: The role of conscientiousness", *Journal of Vocational Behavior*, Vol. 80, No. 2, 2012, pp. 555 – 564.

Barbier, M. , Hansez, I. and Chmiel, N. , "Performance expectations, personal resources, and job resources: How do they predict work engagement?", *European Journal of Work and Organizational Psychology*, Vol. 18, No. 6, 2012, pp. 1 – 13.

Barney, J. B. , "Resource-based theories, of competitive advantage: A ten-year retrospective on the resource-based view", *Journal of Management*, Vol. 27, No. 6, 2001, pp. 643 – 650.

Berthon, P. , Ewing, M. and Li L. H. , "Captivating company: dimensions of attractiveness in employer branding", *International Journal of Advertising the Review of Marketing Communications*, Vol. 24, No. 2, 2005, pp. 151 – 172.

Bickerton, G. R. , Miner, M. H. and Dowson, M. , "Spiritual resources and work engagement among religious workers: A three-wave longitudinal study", *Journal of Occupational & Organizational Psychology*, Vol. 87, No. 2, 2014, pp. 370 – 391.

Borgen, W. A. , Amundson, N. E. and Reuter, J. , "Using portfolios to enhance career resilience", *Journal of Employment Counseling*, Vol. 41, No. 2, 2004, pp. 50 – 59.

Bretones, F. D. and Gonzalez, M. J. , "Subjective and occupational well-being in a sample of mexican workers", *Social Indicators Research*, Vol. 100, No. 2, 2011, pp. 273 – 285.

Brough, P., "A comparative investigation of the predictors of work-related psychological well-being within police, fire and ambulance workers", *New Zealand Journal of Psychology*, Vol. 34, No. 2, 2005, pp. 127 – 134.

Carless, S. A. and Bernath, L., "Antecedents of intent to change careers among psychologists", *Journal of Career Development*, Vol. 33, No. 3, 2007, pp. 183 – 200.

Cartwright, S. and Cooper, C. L., *Towards organizational health: stress, positive organizational behavior, and employee well-being*, Berlin: Springer Netherlands, 2014.

Chen, C. and Huang, J., "Strategic human resource practices and innovation performance-The mediating role of knowledge management capacity", *Journal of Business Research*, Vol. 62, No. 1, 2009, pp. 104 – 114.

Collins, C. J. and Smith, K. G., "Knowledge exchange and combination: The role of human resource practices in the performance of high-technology firms", *Academy of management journal*, Vol. 49, No. 3, 2006, pp. 544 – 560.

Cotter, E. W. and Fouad, N. A., "Examining burnout and engagement in layoff survivors: the role of personal strengths", *Journal of Career Development*, Vol. 40, No. 5, 2013, pp. 424 – 444.

Culbertson, S. S., Mills, M. J. and Fullagar, C. J., "Work engagement and work-family facilitation: Making homes happier through positive affective spillover", *Human Relations*, Vol. 65, No. 9, 2012, pp. 1155 – 1177.

Dagenais-Desmarais, V. and Savoie, A. "What is psychological well-being, really? A grassroots approach from the organizational sciences", *Journal of Happiness Studies*, Vol. 13, No. 4, 2012, pp. 1 – 26.

Daniels, K. and Guppy, A., "Relationships between aspects of work-related psychological well-being", *Journal of Psychology*, Vol. 128, No. 6, 1994, pp. 691 – 694.

De-Waal, J. J. and Pienaar, J. , "Towards understanding causality between work engagement and psychological capital", *Sa Journal of Industrial Psychology*, Vol. 39, No. 2, 2013, pp. 1 – 10.

Dineen, B. R. and Allen, D. G. , "Third party employment branding: Human capital inflows and outflows following 'Best places to work' certifications", *Academy of Management Journal*, Vol. 59, No. 1, 2016, pp. 90 – 112.

Donaldson, S. I. and Ko, I. , "Positive organizational psychology, behavior, and scholarship: A review of the emerging literature and evidence base", *Journal of Positive Psychology*, Vol. 5, No. 3, 2010, pp. 177 – 191.

Dorenbosch, L. , Engen, M. L. V. and Verhagen, M. , "On-the-job innovation: The impact of job design and human resource management through production ownership", *Creativity & Innovation Management*, Vol. 14, No. 14, 2005, pp. 129 – 141.

Edwards, M. R. , "An integrative review of employer branding and OB theory", *Personnel Review*, Vol. 39, No. 1, 2010, pp. 5 – 23.

Ewing, M. T. , Pitt, L. F. and Bussy, N. M. D. , "Employment branding in the knowledge economy", *International Journal of Advertising the Review of Marketing Communications*, Vol. 21, No. 1, 2002, pp. 3 – 22.

Fairbrother, K. and Warn, J. , "Workplace dimensions, stress and job satisfaction", *Journal of Managerial Psychology*, Vol. 18, No. 1, 2003, pp. 8 – 21.

Farmer, S. M. and Kung-Mcintyre, K. , "Employee creativity in Taiwan: an application of role identity theory", *Academy of Management Journal*, Vol. 46, No. 5, 2003, pp. 618 – 630.

Fan, D. , Cui, L. and Zhang, M. M. , "Influence of high performance work systems on employee subjective well-being and job burnout: Empirical evidence from the Chinese healthcare sector", *International Journal of Human Resource Management*, Vol. 25, No. 7, 2014, pp. 931 –950.

Ferris, P. A., Sinclair, C. and Kline, T. J., " It takes two to tango: Personal and organizational resilience as predictors of strain and cardiovascular disease risk in a work sample", *Journal of Occupational Health Psychology*, Vol. 10, No. 3, 2005, pp. 225 –238.

Fisher, C. D., " Happiness at work", *International Journal of Management Reviews*, Vol. 12, No. 4, 2010, pp. 384 –412.

Fourie, C. and Van-Vuuren, L. J., "Defining and measuring career resilience", *Sa Journal of Industrial Psychology*, Vol. 24, No. 3, 1998, pp. 52 –59.

Fugate, M. and Kinicki, A. J., "A dispositional approach to employability: Development of a measure and test of implications for employee reactions to organizational change", *Journal of Occupational & Organizational Psychology*, Vol. 81, No. 3, 2008, pp. 503 –527.

Gagne, M. N. and Deci, E. L., "Self-determination theory and work motivation", *Journal of Organizational Behavior*, Vol. 26, No. 26, 2005, pp. 331 –362.

Gatewood, R. D., Gowan, M. A. and Gary, J. L., " Corporate image, recruitment image, and initial job choice decision", *Academy of Management Journal*, Vol. 36, No. 2, 1993, pp. 414 –427.

Gomes, C., Curral, L. and Caetano, A., "The mediating effect of work engagement on the relationship between self-leadership and individual innovation", *International Journal of Innovation Management*, Vol. 19, No. 1, 2015, pp. 1 –18.

Gözükara, I. and Hatipoğlu, Z., "The effect of employer branding on employees, organizational citizenship behaviors", *International Journal of Business Management and Economic Research*, Vol. 7, No. 1, 2016, pp. 477 –485.

Gong, Y., Huang, J. C. and Farh, J. L., "Employee learning orientation, transformational leadership, and employee creativity: The mediating role of employee creative self-efficacy", *Academy of Management Journal*, Vol. 52, No. 4, 2009, pp. 765 – 778.

Hallberg, U. E. and Schaufeli, W. B., "'Same same' but different?: Can work engagement be discriminated from job involvement and organizational commitment?", *European Psychologist*, Vol. 11, No. 2, 2006, pp. 119 – 127.

Hakanen, J. J., Bakker, A. B. and Demerouti, E., "How dentists cope with their job demands and stay engaged: the moderating role of job resources", *European Journal of Oral Sciences*, Vol. 113, No. 6, 2005, pp. 479 – 487.

Hakanen, J. J., Perhoniemi, R. and Toppinen-Tanner, S., "Positive gain spirals at work: From job resources to work engagement, personal initiative and work-unit innovativeness", *Journal of Vocational Behavior*, Vol. 73, No. 1, 2008, pp. 78 – 91.

Harter, J. K., Schmidt, F. L. and Hayes, T. L., "Business-unit-level relationship between employee satisfaction, employee engagement, and business outcomes: A meta-analysis", *Journal of Applied Psychology*, Vol. 87, No. 2, 2002, pp. 268 – 279.

Hillebrandt, I. and Ivens, B. S., "How to measure employer brands? The development of a comprehensive measurement scale", *AMA Winter Educators' Conference Proceedings*, 2012, pp. 52 – 61.

Hobfoll, S. E., "The influence of culture, community, and the nested-self in the stress process: Advancing conservation of resources theory", *Applied Psychology*, Vol. 50, No. 3, 2001, pp. 337 – 421.

Hoeven, C. L. T. and Zoonen, W. V., "Flexible work designs and employee well-being: examining the effects of resources and demands", *New Technology Work & Employment*, Vol. 30, No. 3, 2015, pp. 237 – 255.

Jackson, L. T. B., Rothmann, S. and Van-de-Vijver, F. J. R., "A model of work-related well-being for educators in South Africa", *Stress & Health*, Vol. 22, No. 4, 2006, pp. 263 – 274.

James, K., Brodersen, M. and Eisenberg, J., "Workplace affect and workplace creativity: a review and preliminary model", *Human Performance*, Vol. 17, No. 2, 2004, pp. 169 – 194.

Janssen, O., "Innovative behavior and job involvement at the price of conflict and less satisfactory relations with co-workers", *Journal of Occupational & Organizational Psychology*, Vol. 76, No. 3, 2011, pp. 347 – 364.

Janssen, O., "The joint impact of perceived influence and supervisor supportiveness on employee innovative behaviour", *Journal of Occupational & Organizational Psychology*, Vol. 78, No. 4, 2005, pp. 573 – 579.

Janssen, O., "Fairness perceptions as a moderator in the curvilinear relationships between job demands, and job performance and job satisfaction", *Academy of Management Journal*, Vol. 44, No. 5, 2001, pp. 1039 – 1050.

Jiang, J., Wang, S. and Zhao, S., "Does HRM facilitate employee creativity and organizational innovation? A study of Chinese firms", *The International Journal of Human Resource Management*, Vol. 23, No. 19, 2012, pp. 4025 – 4047.

Jong, T. D., Wiezer, N. and Weerd, M. D., "The impact of restructuring on employee well-being: a systematic review of longitudinal studies", *Work & Stress*, Vol. 30, No. 1, 2016, pp. 211 – 225.

Kahn, W. A., "Psychological conditions of personal engagement and disengagement at work [J]", *Academy of Management Journal*, Vol. 33, No. 4, 1990, pp. 692 – 724.

Kashyap, V. and Rangnekar, S., "The Moderating Role of Servant Leadership: Investigating the Relationships, Among Employer Brand Perception and Perceived Employee Retention", *Social Science Electronic Publish-*

ing, 2014.

Kataria, A. , Garg, P. and Rastogi, R. , "Does psychological climate augment OCBs? The mediating role of work engagement", *The Psychologist-Manager Journal*, Vol. 16, No. 4, 2013, pp. 217.

Kleysen, R. F. and Street, C. T. , "Toward a multi-dimensional measure of individual innovative behavior", *Journal of Intellectual Capital*, Vol. 2, No. 3, 2001, pp. 284 – 296.

Knox, S. and Freeman, C. , "Measuring and managing employer brand image in the service industry", *Journal of Marketing Management*, Vol. 22, No. 7 – 8, 2006, pp. 695 – 716.

Kossek, E. E. and Perrigino, M. B. , "Resilience: a review using a grounded integrated occupational approach", *Academy of Management Annals*, Vol. 10, No. 1, 2016, pp. 729 – 797.

Lado, A. and Wilson, M. C. , "Human resource systems and sustained competitive advantage: a competency-based perspective", *Academy of Management Review*, Vol. 19, No. 4, 1994, pp. 699 – 727.

London, M. and Noe, R. A. , "London's career motivation theory: an update on measurement and research", *Journal of Career Assessment*, Vol. 5, No. 1, 1997, pp. 61 – 80.

Li, X. , Frenkel, S. J. and Sanders, K. , " Strategic HRM as process: How HR system and organizational climate strength influence Chinese employee attitudes", *International Journal of Human Resource Management*, Vol. 22, No. 9, 2011, pp. 1825 – 1842.

Lievens, F. and Highhouse, S. , "The relation of instrumental and symbolic attributes to a company's attractiveness as an employer", *Personnel Psychology*, Vol. 56, No. 1, 2003, pp. 75 – 102.

Lievens, F. , "Employer branding in the Belgian Army: The importance of instrumental and symbolic beliefs for potential applicants, actual applicants, and military employees", *Human Resource Management*, Vol. 46, No. 1, 2007, pp. 51 – 69.

Lin, C. P. , "Modeling corporate citizenship, organizational trust, and work engagement based on attachment theory", *Journal of Business Ethics*, Vol. 94, No. 4, 2010, pp. 517-531.

Liu, D. , Chen, X. P. and Yao, X. , "From autonomy to creativity: a multilevel investigation of the mediating role of harmonious passion", *Journal of Applied Psychology*, Vol. 96, No. 2, 2011, pp. 294-309.

Liu, D. , Gong, Y. and Zhou, J. , "Human resource systems, employee creativity, and firm innovation: the moderating role of firm ownership", *Academy of Management Journal*, Vol. 60, No. 3, 2017, pp. 1164-1188.

Lu, L. and Gilmour, R. , "Culture and conceptions of happiness: Individual oriented and social oriented swb", *Journal of Happiness Studies*, Vol. 5, No. 3, 2004, pp. 269-291.

Luthans, F. , Norman, S. M. and Avolio, B. J. , "The mediating role of psychological capital in the supportive organizational climate—employee performance relationship", *Journal of Organizational Behavior*, Vol. 29, No. 2, 2008, pp. 219-238.

Luthans, F. and Youssef, C. M. , "Human, social, and now positive psychological capital management: investing in people for competitive advantage ", *Organizational Dynamics*, Vol. 33, No. 2, 2004, pp. 143-160.

Lyubomirsky, S. , King, L. and Diener, E. , "The benefits of frequent positive affect: does happiness lead to success?", *Psychological Bulletin*, Vol. 131, No. 6, 2005, pp. 803-855.

Martin, G. , Gollan, P. J. and Grigg, K. , "Is there a bigger and better future for employer branding? Facing up to innovation, corporate reputations and wicked problems in SHRM", *The International Journal of Human Resource Management*, Vol. 22, No. 17, 2011, pp. 3618-3637.

Mäkikangas, A. , Kinnunen, U. and Feldt, T. , "The longitudinal development of employee well-being: a systematic review", *Work & Stress*,

Vol. 30, No. 1, 2016, pp. 46 – 70.

Martin, G., Beaumont, P., Doig, R., et al., "Branding: A New Performance Discourse for HR?", *European Management Journal*, Vol. 23, No. 1, 2005, pp. 76 – 88.

Maslach, C. and Leiter, M. P., "Early predictors of job burnout and engagement", *Journal of Applied Psychology*, Vol. 93, No. 3, 2008, pp. 498 – 512.

Maslach, C., Schaufeli, W. B. and Leiter, M. P., "Job burnout", *Annual Review of Psychology*, Vol. 52, No. 1, 2001, pp. 397 – 422.

Massey, E. K., Gebhardt, W. A. and Garnefski, N., "Self-generated goals and goal process appraisals: relationships with sociodemographic factors and well-being", *Journal of Adolescence*, Vol. 32, No. 3, 2009, pp. 501 – 518.

May, D. R., Gilson, R. L. and Harter, L. M., "Psychological conditions of meaningfulness, safety and availability and the engagement of the human spirit at work", *Journal of Occupational & Organizational Psychology*, Vol. 77, No. 1, 2004, pp. 11 – 37.

Mcgonagle, A. K., Beatty, J. E. and Joffe, R., "Coaching for workers with chronic illness: evaluating an intervention", *Journal of Occupational Health Psychology*, Vol. 19, No. 3, 2014, pp. 385 – 398.

Meyer, J. P. and Maltin, E. R., "Employee commitment and well-being: A critical review, theoretical framework and research agenda", *Journal of Vocational Behavior*, Vol. 77, No. 2, 2010, pp. 323 – 337.

Meyer, J. P. and Smith, C. A., "HRM practices and organizational commitment: Test of a mediation model", *Canadian Journal of Administrative Sciences*, Vol. 17, No. 4, 2000, pp. 319 – 331.

Miana, B. S. and Gonzálezmorales, M. G., "Consequences of job insecurity and the moderator role of occupational group", *Spanish Journal of Psychology*, Vol. 14, No. 2, 2011, pp. 820 – 831.

Money, K., Hillenbrand, C. and Camara, N. D., "Putting positive psychology to work in organisations", *Journal of General Management*, Vol. 34, No. 3, 2009, pp. 21 – 36.

Noe, R. A., Noe, A. W. and Bachhuber, J. A., "An investigation of the correlates of career motivation", *Journal of Vocational Behavior*, Vol. 37, No. 3, 1990, pp. 340 – 356.

Obrist, B., Pfeiffer, C. and Henley, R., "Multi-layered social resilience: a new approach in mitigation research", *Progress in Development Studies*, Vol. 10, No. 4, 2010, pp. 283 – 293.

Ouweneel, E., Blanc, P. M. L., Schaufeli, W. B., et al., "Good morning, good day: A diary study on positive emotions, hope, and work engagement", *Human Relations*, Vol. 65, No. 9, 2012, pp. 1129 – 1154.

Ouweneel, E., Schaufeli, W. B. and Blanc, P. M. L., "Believe, and you will achieve: changes over time in self-efficacy, engagement, and performance", *Applied psychology: Health and Well-being*, Vol. 5, No. 2, 2013, pp. 225 – 247.

Page, K. M. and Vella-Brodrick, D. A., "The 'what' 'why' and 'how' of employee well-being: a new model", *Social Indicators Research*, Vol. 90, No. 3, 2009, pp. 441 – 458.

Paterson, T. A., Luthans, F. and Jeung, W., "Thriving at work: Impact of psychological capital and supervisor support", *Journal of Organizational Behavior*, Vol. 35, No. 3, 2014, pp. 434 – 446.

Pavot, W. and Diener, E., "Review of the satisfaction with life scale", *Psychological Assessment*, Vol. 5, No. 2, 2009, pp. 164 – 172.

Peterson, S. J., Luthans, F., Avolio, B. J., et al., "Psychological capital and employee performance: A latent growth modeling approach", *Personnel Psychology*, Vol. 64, No. 2, 2011, pp. 427 – 450.

Priyadarshi, P., "Employer brand image as predictor of employee satisfaction, affective commitment & turnover", *Indian Journal of Industrial Relations*, Vol. 46, No. 3, 2011, pp. 510 – 522.

Ramamoorthy, N., Flood, P. C., Slattery, T., et al., "Determinants of innovative work behaviour: Development and test of an integrated model", *Creativity & Innovation Management*, Vol. 14, No. 2, 2005, pp. 142 – 150.

Rank, J., Pace, V. L. and Frese, M., "Three avenues for future research on creativity, innovation, and initiative", *Applied Psychology*, Vol. 53, No. 4, 2004, pp. 518 – 528.

Rich, B. L., Lepine, J. A. and Crawford, E. R., "Job engagement: Antecedents and effects on job performance", *Academy of Management Journal*, Vol. 53, No. 3, 2010, pp. 617 – 635.

Richardsen, A. M., Burke, R. J. and Martinussen, M., "Work and health outcomes among police officers: The mediating role of police cynicism and engagement", *International Journal of Stress Management*, Vol. 13, No. 4, 2006, pp. 555 – 574.

Robertson, A. and Khatibi, A., "The influence of employer branding on productivity-related outcomes of an organization", *The IUP Journal of Brand Management*, Vol. 10, No. 3, 2013, pp. 17 – 32.

Roche, M., Haar, J. M. and Luthans, F., "The role of mindfulness and psychological capital on the well-being of leaders", *Journal of Occupational Health Psychology*, Vol. 19, No. 4, 2014, pp. 476 – 489.

Ryan, R. M. and Deci, E. L., "Self-determination theory and the facilitation of intrinsic motivation, social development, and well-Being", *American Psychologist*, Vol. 55, No. 1, 2000, pp. 68 – 78.

Saks, A. M., "Antecedents and consequences of employee engagement", *Journal of Managerial Psychology*, Vol. 21, No. 7, 2006, pp. 600 – 619.

Salanova, M. and Schaufeli, W. B., "A cross-national study of work engagement as a mediator between job resources and proactive behaviour", *The International Journal of Human Resource Management*, Vol. 19, No. 1, 2008, pp. 116 – 131.

Sanders, K., Moorkamp, M., Torka, N., et al., "How to support innovative behavior? The tole of LMX and satisfaction with HR practices", *Technology & Investment*, Vol. 1, No. 1, 2010, pp. 59 – 68.

Schaufeli, W. B., Bakker, A. B. and Salanova, M., "The measurement of work engagement with a short questionnaire a cross-national study", *Educational & Psychological Measurement*, Vol. 66, No. 4, 2006, pp. 701 – 716.

Schaufeli, W. B., Salanova, M., González-Romá, V., et al., "The measurement of engagement and burnout: A two sample confirmatory factor analytic approach", *Journal of Happiness Studies*, Vol. 3, No. 1, 2002, pp. 71 – 92.

Scott, S. G. and Bruce, R. A., "Determinants of innovative behavior: A path model of individual innovation in the workplace", *Academy of Management Journal*, Vol. 37, No. 3, 1994, pp. 580 – 607.

Seibert, S. E., Kraimer, M. L. and Crant, J. M., "What do proactive people do? A longitudinal model linking proactive personality and career success", *Personnel Psychology*, Vol. 54, No. 4, 2006, pp. 845 – 874.

Shalley, C. E., Gilson, L. L. and Blum, T. C., "Interactive effects of growth need strength, work context, and job complexity on self-reported creative performance", *Academy of Management Journal*, Vol. 52, No. 3, 2009, pp. 489 – 505.

Shally, C. E., Cilson, L. L. and Blum, T. C., "I Matching creativity requirements and the work environment effects on satisfaction and intentions to leave", *Academy of Management Journal*, Vol. 43, No. 2, 2000, pp. 215 – 223.

Shalley, C. E., Zhou, J. and Oldham, G. R., "The effects of personal and contextual characteristics on creativity: Where should we go from here?", *Journal of Management*, Vol. 30, No. 6, 2004, pp. 933 – 958.

Shimazu, A., Schaufeli, W. B., Kubota, K., et al., "Do workaholism and work engagement predict employee well-being and performance in opposite directions?", *Industrial Health*, Vol. 50, No. 4, 2012, pp. 316 – 321.

Shin, J., Taylor, M. S. and Seo, M. G., "Resources for change: The relationships of organizational inducements and psychological resilience to employees' attitudes and behaviors toward organizational change", *Academy of Management Journal*, Vol. 55, No. 3, 2012, pp. 727 – 748.

Shore, L. M. and Coyle-Shapiro, A. M., "New developments in the employee-organization relationship", *Journal of Organizational Behavior*, Vol. 24, No. 5, 2003, pp. 443 – 450.

Siu, O. L., Hui, C. H., Phillips, D. R., et al., "A study of resiliency among Chinese health care workers: Capacity to cope with workplace stress", *Journal of Research in Personality*, Vol. 43, No. 5, 2009, pp. 770 – 776.

Slemp, G. R and Vella-Brodrick, D. A., "Optimising employee mental health: The relationship between intrinsic need satisfaction, job crafting, and employee well-being", *Journal of Happiness Studies*, Vol. 15, No. 4, 2014, pp. 957 – 977.

Spiegelaere, S. D., Gyes, G. V., Witte, H. D., et al., "On the relation of job insecurity, job autonomy, innovative work behaviour and the mediating effect of work engagement", *Creativity & Innovation Management*, Vol. 23, No. 3, 2014, pp. 318 – 330.

Taylor, A. B., Mackinnon, D. P. and Tein, J. Y., "Tests of the three-path mediated effect", *Organizational Research Methods*, Vol. 11, No. 2, 2008, pp. 241 – 269.

Tierney, P., Farmer, S. M. and Graen, G. B., "An examination of leadership and employee creativity: The relevance of traits and relations", *Personnel Psychology*, Vol. 52, No. 3, 1999, pp. 591 – 620.

Tims, M., Bakker, A. B. and Xanthopoulou, D., "Do transformational leaders enhance their followers' daily work engagement?", *Leadership Quarterly*, Vol. 22, No. 1, 2011, pp. 121 –131.

Vaijayanthi, P., Roy, R., Shreenivasan, K. A. and Srivathsan, J., "Employer branding as an antecedent to organisation commitment: an empirical study", *International Journal of Global Business*, Vol. 4, No. 2, 2011, pp. 91 –106.

Van Hoye, G. V., Bas, T., Cromheecke, S., et al., "The instrumental and symbolic dimensions of organisations' image as an employer: A large-scale field study on employer branding in Turkey", *Applied Psychology*, Vol. 62, No. 4, 2013, pp. 543 –557.

Van denberg, J. W., Verberg, C. P. M., Berkhout, J. J., et al., "A qualitative interview study on the positive well-being of medical school faculty in their teaching role: Job demands, job resources and role interaction", *Bmc Research Notes*, Vol. 8, No. 1, 2015, pp. 1 –11.

Van Horn, J. E., Taris, D. T. W., Schaufeli, W. B., et al., "The structure of occupational well-being: A study among Dutch teachers", *Journal of Occupational & Organizational Psychology*, Vol. 77, No. 3, 2004, pp. 365 –375.

Welbourne, J. L., Gangadharan, A. and Sariol, A. M., "Ethnicity and cultural values as predictors of the occurrence and impact of experienced workplace incivility", *Journal of Occupational Health Psychology*, Vol. 20, No. 2, 2015, pp. 205 –217.

West, M. A., "Sparkling fountains or stagnant ponds: An integrative model of creativity and innovation implementation in work groups", *Applied Psychology*, Vol. 51, No. 3, 2002, pp. 355 –387.

Wright, T. A. and Cropanzano, R., "The role of psychological well-being in job performance: A fresh look at an age-old quest", *Organizational Dynamics*, Vol. 33, No. 4, 2004, pp. 338 –351.

Wright, T. A., Cropanzano, R., Denney, P. J. and Moline, G. L., "When a happy worker is a productive worker: A preliminary examination of three models", *Canadian Journal of Behavioural Science*, Vol. 34, No. 3, 2002, pp. 146 – 150.

Xanthopoulou, D. D., Bakker, A. B., Demerouti, E., et al., "Work engagement and financial returns: A diary study on the role of job and personal resources", *Journal of Occupational & Organizational Psychology*, Vol. 82, No. 1, 2009, pp. 183 – 200.

Xanthopoulou, D., Bakker A. B., Ilies R., "Everyday working life: Explaining within-person fluctuations in employee well-being", *Human Relations*, Vol. 65, No. 9, 2012, pp. 1051 – 1069.

Youssef, C. M. and Luthans, F., "Positive organizational behavior in the workplace: The impact of hope, optimism, and resilience", *Journal of Management*, Vol. 33, No. 5, 2007, pp. 774 – 800.

Zhang, X. and Bartol, K. M., "Linking empowering leadership and employee creativity: the influence of psychological empowerment, intrinsic motivation, and creative process engagement", *Academy of Management Journal*, Vol. 53, No. 1, 2010, pp. 107 – 128.

Zhang, Z., Zyphur, M. J., Preacher, K. J., "Testing multilevel mediation using hierarchical linear models: Problems and solutions", *Organizational Research Methods*, Vol. 12, No. 12, 2014, pp. 695 – 719.

Zhou, J. and George, J. M., "When job dissatisfaction leads creativity: Encouraging the expression of voice", *Academy of Management Journal*, Vol. 44, No. 4, 2001, pp. 682 – 696.

Zhu, F., Wang, Z., Yu, Q., et al., "Reconsidering the dimensionality and measurement of employer brand in the Chinese context", *Social Behavior & Personality An International Journal*, Vol. 42, No. 6, 2014, pp. 933 – 948.

Zorn, T. E., Roper, J. and Richardson, M., "Positive employment practices or reputational capital? Tensions inherent in third-party legitimation processes", *Management Communication Quarterly*, Vol. 28, No. 3, 2014, pp. 347 – 374.